Was ist Blindheit

Für meine Eltern Maria und José de Oliveira

DOMINGOS DE OLIVEIRA

Was ist Blindheit

Bibliografische Information der Deutschen Nationalbibliothek:
Die Deutsche Nationalbibliothek verzeichnet diese Publikation in der Deutschen Nationalbibliografie; detaillierte bibliografische Daten sind im Internet über http://dnb.dnb.de abrufbar.

© 2015 Domingos de Oliveira
Lektorat: Susanne Kossack

Satz, Herstellung und Verlag: BoD – Books on Demand, Norderstedt

ISBN: 978-3-7347-8993-9

Inhalt

Einleitung

Kinder bleiben mit offenem Mund stehen, Erwachsene schauen fasziniert, Experten staunen und Laien wundern sich. Was mag passiert sein? Ist Supermann vorbeigeflogen, wurde das neueste iPhone vorgestellt oder hat Angela Merkel ihren Rücktritt erklärt? Nein, sie haben ihren ersten Blinden gesehen, wie er mit seinem Stock vorbeigeht. Er schaut nicht nach links und nicht nach rechts, sondern sucht sich konzentriert seinen Weg.

Von allen Behinderten sind Blinde wahrscheinlich das größte Faszinosum. Wie schaffen sie es eigentlich, sich zu orientieren, ohne sehen zu können? Dürfen die überhaupt allein rumlaufen oder sind sie ihrem Aufpasser entwischt? Und müssten sie nicht vor Schmutz starren, wie können die sich waschen, wenn sie nichts sehen? Diese und viele andere Fragen mögen dem neugierigen Beobachter durch den Kopf gehen. Aber die Wenigsten werden sich trauen, einen Blinden darauf anzusprechen.

Auch Geschichtenerzähler haben sich immer wieder von Blinden faszinieren lassen. Der blinde Mönch Jorge von Bogos spielt eine nicht ganz rühmliche Rolle in Umberto Ecos «Der Name der Rose». Sebastian Fitzek baute in seinen Thriller «Der Augensammler» eine blinde Protagonistin ein. In einigen amerikanischen Serien wie Matlock haben Blinde Straftaten begangen. Homer, der Autor der Odyssee soll blind gewesen sein. In der Serie «Star Trek – das nächste Jahrhundert» war sogar der Chef-Ingenieur Geordi LaForge blind.

In diesem Buch werde ich einen umfassenden Überblick über die Lebenswelt von Blinden geben. Eine Gruppe, die ich allerdings ausklammern möchte, sind spät-erblindete Senioren. Ein Großteil der Erblindungen tritt erst im hohen Alter auf. Diese Gruppe wird sich – nach heutigem Stand – nicht mehr so sehr mit Braille, Mobilitätstraining und ähnlichen Dingen beschäftigen. Im hohen Alter ist es schwierig, sich an die Erblindung anzupassen.

In den ersten fünf Kapiteln werden wir uns mit dem Alltag der Blinden befassen. Es geht um die Basics, zum Beispiel, ob Blinde überhaupt in der Lage sind, Waschmittel von Klopapier zu unterscheiden, wie sie sich orientieren können oder wie sie Computer benutzen.

Im sechsten Kapitel werden wir uns das Verhältnis von Blinden zu Sehenden ansehen. Es geht unter anderem darum, warum viele Blinde unter sich bleiben oder weshalb es relativ wenige Beziehungen zwischen Blinden und Sehenden gibt.

Im letzten Kapitel werden wir uns anschauen, wie sich die Blindheit auf das Gehirn und die Sinne auswirkt. Leider werde ich auch mit einigen Mythen wie dem besonders guten Geruchssinn oder Gehör der Blinden aufräumen. Für eilige Leser habe ich eine Liste häufiger Fragen und Antworten in einer FAQ zusammengefasst.

Das Buch ist so gestaltet, dass es zum Querlesen einlädt. Dennoch empfehle ich euch, das erste Kapitel «Was bedeutet eigentlich blind?» zu überfliegen, um ein Grundverständnis von Blindheit zu bekommen.

Viele der Beispiele für die außergewöhnlichen Leistungen Blinder habe ich vom amerikanischen Psychologen Oliver Sacks übernommen. Die blinde Moderatorin Jennifer Sonntag hat mit «Einladung zu einem Blind Date» ein ähnliches Buch geschrieben, was ich allerdings erst bemerkt habe, als ich mein Manuskript fast fertig hatte. Allerdings nehmen wir unterschiedliche Perspektiven ein, sodass ihr ruhig beide Bücher lesen könnt. Auf meiner Website www.oliveira-online.net findet ihr zu jedem Abschnitt weiterführende Links. Ich wünsche euch viel Spaß bei der Lektüre.

Kapitel 1
Was bedeutet eigentlich blind?

Blinde sind nicht unbedingt blind. Diese Aussage mag ein wenig widersprüchlich klingen, ist aber einfach, zu erklären: Im Volksmund wird Blindheit mit Nichts-Sehen gleichgesetzt. Der Gesetzgeber definiert Blindheit als weniger als zwei Prozent Sehfähigkeit auf dem besseren Auge oder einem Gesichtsfeld von höchstens 5 Grad. Das Gesichtsfeld entspricht dem, was wir sehen, wenn wir geradeaus schauen, es beträgt normalerweise 180 Grad.

Zwei Prozent klingt nicht nach besonders viel, doch ist das der entscheidende Unterschied. Der Eine kann noch Bücher lesen, der Nächste nimmt seine Umgebung verschwommen wahr, ein Anderer kann nicht mehr zwischen hell und dunkel unterscheiden. Sie alle können laut Gesetz blind sein. Ich selbst kann zum Beispiel noch gedruckte Texte lesen, auch wenn ich das Tempo eines Abc-Schützen an den Tag lege. Ich kann aber keine Busfahrpläne lesen oder Gesichter erkennen.

Es gibt auch Blinde, die buchstäblich nichts sehen; diese Menschen nennen wir vollblind. Zu dieser Gruppe würde ich auch Menschen zählen, die noch hell und dunkel unterscheiden können, aber keine Farben und Formen mehr sehen.

Von den Blinden zu unterscheiden sind die hochgradig Sehbehinderten, sie sehen zwar sehr schlecht, aber sie zählen klar zu den Sehenden und auf sie wird in diesem Buch deshalb nicht näher eingegangen.

Blinde werden in Deutschland nicht systematisch statistisch erfasst, deshalb müssen wir indirekte Zahlen verwenden. In Bayern erhalten 14.655 Menschen Blindengeld. Fast zwei Drittel dieser Blindengeld-Empfänger sind 65 und älter,

42,1 Prozent sind 80 und älter. Diese Zahlen dürften für den Rest Deutschlands ähnlich sein. Der Blindenverband DBSV geht davon aus, dass es in ganz Deutschland ca. 100.000 blinde Menschen gibt.

Geburts- und Spät-Erblindete

Die meisten Menschen kommen in Deutschland nicht blind zur Welt, sondern werden manchmal im jungen, oft im reiferen Alter blind. Menschen, die blind zur Welt kommen oder in den ersten Lebensjahren erblinden werden als Geburts-Blinde bezeichnet. Menschen, die im Laufe ihres Lebens erblinden werden als Spät-Erblindet bezeichnet. Die Unterscheidung ist nicht ganz trennscharf, Spät-Erblindete sind im allgemeinen Menschen, die bewusst gesehen haben und sich oftmals noch an Seheindrücke erinnern; es spielt für die Definition keine Rolle, ob sie als Kind oder als Senior erblinden.

Die Unterscheidung dieser beiden Gruppen ist jedoch wichtig, weil der Zeitpunkt der Erblindung oft dafür entscheidend ist, wie die Betroffenen mit ihrer Blindheit umgehen. Spät-Erblindete haben meistens mehr Probleme als Geburts-Blinde, weil sie sich an eine für sie neue Welt anpassen müssen. Geburts-Blinde mussten nie lernen, visuell zurechtzukommen, sondern sind ihr Leben lang an eine nicht-visuelle Welt angepasst.

Das kindliche Gehirn ist sehr anpassungsfähig. In den ersten Lebensjahren werden die wesentlichen Verschaltungen der Nerven festgelegt. Deshalb wird ein Kind, das blind zur Welt kommt bei entsprechender Förderung sehr schnell lernen, mit seiner Blindheit zurechtzukommen. Das Gehirn kann sich auch im reiferen Alter noch gut anpassen. Aber wir kennen das von uns selbst, je älter wir werden, desto schwieriger kommen wir mit neuen Situationen zurecht.

Die Zahl Geburts-Blinder geht in Deutschland durch eine bessere medizinische Versorgung stetig zurück. Andererseits gibt es viele Augenerkrankungen wie den Grünen Star oder Retinopathia Pigmentosa, die sich nur schwer behandeln lassen und das Sehvermögen oft fortschreitend verschlechtern. Durch die steigende Lebenserwartung steigt auch die Zahl der Erblindungen im Alter, häufig bedingt durch andere Krankheiten wie Diabetes oder durch eine Trübung der Linse (Makula Degeneration). Tatsächlich wird dies in Zukunft eine Herausforderung, des demografischen Wandels an die Gesellschaft darstellen. Die heutigen Hilfssysteme richten sich an jung oder im mittleren Alter Erblindete. Für Senioren, die vielleicht noch schwerhörig oder gehbehindert sind, gibt es aktuell wenig Unterstützung.

Ist es besser, blind auf die Welt zu kommen und sich nicht an die Blindheit anpassen zu müssen oder ist es uns wichtig, einmal gesehen zu haben, um uns auf Augenhöhe mit Sehenden austauschen zu können? Es gibt keine eindeutige Antwort auf diese Frage. Fast alle Menschen, die auf der Grenze zwischen Sehen und Blindsein stehen, haben zumindest die Möglichkeit, sich auf das Blindwerden vorzubereiten. Wer spät erblindet ist, teilt mit den Sehenden eine gemeinsame visuelle Erfahrungswelt. Wenn jemand von grünen Wäldern, blauen Seen und grauen Bergen spricht, löst das beim Spät-Erblindeten andere Assoziationen und Erinnerungen aus als bei blind Geborenen.

Wie sehen Blinde?

Vor allem Menschen mit Sehrest werden oft gefragt, wie sie sehen. Für die meisten Menschen ist Blindheit nur schwer vorstellbar, aber schlecht sehen ist noch schlechter nachvollziehbar.

Ich antworte immer mit konkreten Beispielen: Jenes kann ich scharf sehen, das nächste unscharf, das kann ich sehen, aber nicht lesen und das kann ich gar nicht sehen. Für Sehende ist das schlecht nachvollziehbar, aber unser Sehvermögen lässt sich nur unzureichend verbal beschreiben. Man müsste durch die Augen eines anderen schauen und dazu noch dessen Wahrnehmung und Erfahrungen haben. Nur Menschen, die einmal gut gesehen haben, wissen, was es heißt, normal zu sehen. Sie haben zumindest den Vergleich mit ihrer Vergangenheit.

Auch Simulationen helfen nur bedingt weiter. Viele Behinderte lehnen Simulationen von Behinderungen ab. Zum einen verleiten sie viele Nicht-Behinderte zu dem Glauben, sie wüssten jetzt, was Behinderung sei. Das verleitet sie dazu, Behinderten Tipps zum richtigen Verhalten zu geben, was natürlich vollkommen absurd ist. Zum anderen können Simulationen zu unrealistischen Vorstellungen führen. Die Sehenden finden sich mit verbundenen Augen und Blindenstock nicht zurecht und glauben schließlich, alle Blinden würden in Dunkelheit leben und wären völlig hilflos. Dabei wird übersehen, dass Blinde meistens an ihre Situation angepasst sind und durch Übung, Erfahrung und Verstand sehr gut mit ihr zurechtkommen.

Ich sehe Simulationen nicht so kritisch. Am besten sollte jede Simulation durch ein Gespräch mit einem Menschen begleitet werden, der selbst betroffen ist. Oder noch besser, der „sehende Blinde" lässt sich von einem „blinden Blinden" führen.

Beispiele und Metaphern sind die einzige Möglichkeit, Sehenden zu erklären, was Blinde sehen. Wenn ich sage, ich sehe extrem unscharf, werden viele Sehende glauben, ich sähe vielleicht wie jemand, der durch ein Milchglas schaut. Dem ist aber nicht so, zumindest glaube ich das. Subjektiv sehe ich vollkommen scharf, erst wenn ich merke, dass ich zum Beispiel die Details eines Gesichts nicht erkennen kann weiß ich, das ich unscharf sehe. Es gibt diese schöne Funktion namens «unscharf maskieren» in Photoshop, mit der Gesichts-Unreinheiten und Falten beseitigt werden. So ähnlich sehe ich, als ob alles weich gezeichnet wäre.

Weder Hören noch Sehen

Offiziell gibt es rund 6000 taubblinde Menschen in Deutschland. Eine deutlich größere Gruppe bilden die Menschen, bei denen sowohl Hören als auch Sehen eingeschränkt sind, die Hör-Sehbehinderten.

Ihr könnt sicherlich einschätzen, wie wichtig die verbliebenen Sinne für die Behinderten sind. Umso schwerwiegender sind die Folgen, wenn gleich zwei essenzielle Sinne gestört sind. Das beide Sinne komplett ausfallen, kommt nicht so häufig vor, Hör-Sehbehinderungen Taub-Sehbehinderung oder Schwerhörigkeit-Blindheit sind jedoch nicht so selten.

Die Probleme können teils erheblich sein. Blinde und Gehörlose haben zum Beispiel ein höheres Unfallrisiko als Nicht-Behinderte. Wenn aber beide essenziellen Sinne eingeschränkt sind, steigt auch die Gefahr, dass man zum Beispiel ein Auto sowohl übersieht als auch überhört. Man hört keine Warnrufe, keine Fahrradklingel, keine heranrauschende Straßenbahn …

Für einen Hör-Sehbehinderten ist es erheblich schwieriger,

einem Gespräch in einer lauten Umgebung zu folgen, denn Sehende können – ohne es selbst zu wissen – viel von den Lippen, den Kopfbewegungen und den Gesten ablesen. Blinde erkennen andere Menschen zumeist an ihren Stimmen, leider sind ja die wenigsten so nett, einen auffälligen Geruch zu haben. Für einen Hör-Sehbehinderten ist das schwieriger, weil das Spektrum seines Hörens eingeschränkt ist. Oft erkennen sie Menschen eher am Gang oder an der Kleidung.

Für Taubblinde gibt es nur wenige Wege, mit der Umwelt zu kommunizieren. Am Computer können sie mit der Braillezeile arbeiten. Mit anderen Menschen kommunizieren sie über die Lormen. Dabei handelt es sich um eine taktile Sprache. Die Sprecher zeichnen mit ihren Fingern Gesten in die Handfläche des Gesprächspartners.

Die Berliner Kunsthochschule arbeitet an der Entwicklung eines Lorm-Handschuhs. Mit diesem Handschuh sollen zwei Dinge möglich werden. Zum einen möchten die Entwickler erreichen, dass Taubblinde über das Internet kommunizieren können. Für Menschen, die weder Schrift- noch Lautsprache beherrschen ist das bisher nicht möglich. Ein zweites Ziel ist die Übersetzung von gesprochener Sprache in Lormen und umgekehrt. Die Lormen werden mittels kleiner Motoren im Handschuh an die Hand übermittelt.

Für von Geburt an Taubblinde ist die Situation besonders kompliziert. Sie können die Lautsprache nicht lernen und haben daher auch besondere Probleme, Lesen und Schreiben zu erlernen.

Diese Formen von Mehrfachbehinderungen treten auch häufig im Alter auf, also zu einer Zeit, wo es am schwierigsten ist, sich an die neue Situation anzupassen. Die berühmteste taubblinde Person ist sicherlich Helen Keller, sie hat es sogar geschafft, die Verbal-Sprache gut genug zu lernen, um selbst Bücher zu schreiben und politisch aktiv zu sein.

Taubblindheit ist nicht Blindheit plus Gehörlosigkeit. Es ist eine Behinderung eigener Art, was aber im Sozialrecht bisher nicht anerkannt wird. Deswegen kämpfen die Vertreter dieser Gruppe für ein eigenes Merkzeichen TBL = Taubblind im Schwerbehindertenausweis. Sie möchten damit erreichen, dass taubblinde Menschen im Alltag besser unterstützt werden.

Kapitel 2
Blindheit im Alltag

Den Sehverlust vollständig mit den anderen Sinnen auszugleichen, ist nicht möglich. Das Sehen spielt dafür eine zu große Rolle in unserer Welt. Außerdem ist unsere gesamte Umwelt für Sehende gestaltet. Allerdings entsteht mit Ausschöpfung der anderen Sinne eine eigene Wahrnehmungswelt, die ebenso komplex und vielfältig ist wie die Visuelle.

Alle Blinden setzen ihren ganzen Körper ein, um mit der Umwelt zu interagieren. Und das ist nicht sprichwörtlich gemeint. Ingenieure prahlen gerne mit Rennwagen, die mit tausenden von Sensoren vollgepackt sind. Die Sensoren des Menschen sind nicht so exakt, aber wesentlich besser bei der integrierten Verarbeitung von Informationen. Es gibt nach wie vor keinen Computer, der sehen, hören oder gar fühlen, riechen und schmecken kann. Und wenn es solche Computer geben wird, werden sie bis auf Weiteres nicht in der Lage sein, alle diese Sinnesreize in ein Gesamtbild zu integrieren.

Der Blinde spürt echte und künstliche Wärme, Gerüche, die Beschaffenheit des Bodens und vieles mehr. Während Sehende diese Reize eher unterbewusst verarbeiten, bilden sie für Blinde die gesamte Wahrnehmungswelt.

Die Reize aus der Umwelt spielen eine geringere Rolle als viele Menschen glauben. Das Gehirn filtert einerseits viele Informationen heraus, die ihm gerade überflüssig erscheinen und reichert andererseits die Wahrnehmung mit Informationen aus dem Gedächtnis an.

Die integrierte Verarbeitung von Informationen ermöglicht es Blinden, viele Dinge zu tun, die Sehende ihnen nicht zutrauen. Schminken, Kleiderwahl, Orientierung, Kochen.

Jeder Mensch hat ein inneres Abbild seines Körpers, wodurch er in der Lage ist, sich zum Beispiel blind zu rasieren, ohne sich andauend zu schneiden. Ein guter Musiker kann sein Instrument auch in absoluter Dunkelheit spielen, man wird nie gut tippen können, wenn man ständig auf die Tastatur schaut.

Machen wir ein kleines Experiment: Schließe deine Augen und versuche, mit dem Zeigefinger deine Nasenspitze zu berühren. Wenn du nicht gerade betrunken bist, sollte dir das problemlos gelingen. Das verdankst du deiner Körperkarte im Gehirn.

Rasieren ist eigentlich eine komplexe Aufgabe. Man setzt die Klinge in einem bestimmten Winkel an und führt sie mit einem bestimmten Druck nach unten. Hält man den Rasierer falsch, drückt man zu leicht oder zu fest, passiert entweder gar nichts oder man schneidet sich. Dabei spielt das Sehen eine untergeordnete Rolle, mein Auge sagt mir nicht, wie viel Druck ich ausüben muss oder welcher Winkel der Richtige ist. Entscheidend sind das Körpergefühl und die Feinmotorik. Das uns das meistens leicht von der Hand geht, liegt nicht daran, dass es einfach ist, sondern an jahrelanger Übung.

Das bisschen Haushalt

Als Blinder kann ich meine Mitmenschen mit einem einfachen Trick jeden Tag überraschen, Ich zähle mein Kleingeld mit den Fingern. Wenn du Lust hast, mach einfach kurz mit und greif in dein Portemonnaie. Du hast vielleicht schon bemerkt, dass sich jede Münze ein wenig anders anfühlt, aber hast du schon mal bewusst darauf geachtet? Bei den größeren Münzen sind die Ränder unterschiedlich geriffelt. So kommt es, dass Blinde ihr Kleingeld gar nicht aus dem Portemonnaie kramen müssen, sie zählen nach Gefühl, im wahrsten Sinne des Wortes. Diese und andere Fähigkeiten, die für den Alltag wichtig sind nennt man in der Rehabilitation «lebenspraktische Fertigkeiten» (LPF).

Es gibt einige einfache Tricks, die einem Blinden das Leben extrem erleichtern. Das Plätschern beim Eingießen verrät zum Beispiel, wie voll die Tasse ist. Wenn man die Gegenstände immer am gleichen Platz ablegt, findet man sie meistens schnell wieder. Ich habe überall einen festen Platz für mein Handy, meinen Schlüssel und andere Dinge, die ich täglich benötige. Schwierig wird es erst, wenn jemand diese Gegenstände wegnimmt und anderswo platziert, das ist eine gute Möglichkeit, wenn man Blinde ärger will. Ich habe schon stundenlang nach Sachen gesucht, die einfach nur einen halben Meter von ihrem Stammplatz entfernt waren.

Für einen Blinden ist es extrem nützlich, ein Ordnungsfanatiker zu sein. Unordentliche Kleiderschränke, verwickelte Kabelstränge und schmutzige Oberflächen kosten viel Zeit und Energie. Es spart eben Zeit, wenn man nicht minutenlang nach einem bestimmten Kleidungsstück suchen oder den Pulli wechseln muss, weil man aus Versehen die bekleckerte Tischplatte mit dem Ärmel poliert hat.

Ein Blinder wird nie absichtlich ein Glas in die Nähe der Tischkante stellen oder in einen Bereich, in dem er unwillkürliche Bewegungen macht. Er wird nie bewusst zerbrechliche oder empfindliche Gegenstände auf dem Boden liegen lassen, weil nach Murphys Law alles Schlimme, was passieren könnte, garantiert auch passieren wird. Ich kann gar nicht zählen, wie viele Dinge ich wegen meiner Blindheit – oder Ungeschicklichkeit – zerbrochen oder zerstört habe.

Kochen ist auch nicht so schwierig, wie es auf den ersten Blick scheint. Wenn ich in einem Topf rühre, kann ich sehr leicht feststellen, ob der Reis oder die Nudeln schon gar sind. Steche ich mit einer Gabel in eine Kartoffel, merke ich, ob sie die richtige Konsistenz hat. Profi-Köche benutzen auch häufig ihren Geruchssinn, um zu prüfen, ob sie nachwürzen müssen oder nicht.

Auch die Körperhygiene ist relativ einfach. Sich als Blinder zu rasieren, die Zähne zu putzen oder die Haare zu waschen ist keine Kunst. Es ist so banal, dass viele Blinde nicht gern darüber reden. Dich fragt ja auch keiner, wie du als Sehender deinen Rücken wäschst, obwohl du ihn nicht sehen kannst.

Das gilt für die meisten Verrichtungen des Alltags. Es gibt ein paar Ausnahmen wie das Putzen. Blinde sehen zum Beispiel den Staub oben auf dem Regal nicht oder die Schmutzschicht, die sich etwa in der Küche in Zwischenräumen absetzt. Die Flächen, die sie regelmäßig befühlen und gut erreichen können sind in der Regel sauber, alles andere wird im Alltag oft vergessen.

Der Supermarkt in meinem Kopf

Ich kenne den Aufbau meines Discounters auswendig und könnte in jeder Filiale relativ schnell das Gesuchte finden, weil die Läden dieser Kette überall sehr ähnlich aufgebaut sind. Oft kenne ich sogar relativ genau die Position eines Produkts, sodass ich beim ersten Griff das Richtige erwische.

Ein weiterer Vorteil des Discounters besteht darin, dass man sich meistens keine Gedanken über die Preise machen muss. Im typischen Supermarkt kann es schnell passieren, dass man die Luxusnudeln für 10 Euro die Packung erwischt. Ich habe oft den Eindruck, dass das teuerste Produkt des Discounters immer noch günstiger ist als das billigste Produkt aus dem Supermarkt. Last not least hat der Discounter eine überschaubare Palette an Produkten. Es gibt zwei Sorten Erdbeermarmelade und nicht ein Dutzend, deren Unterschiede sich selbst dem Sehenden nicht erschließen. Die Discounter scheinen auch mehr darauf bedacht zu sein, dass die Haltbarkeit von Lebensmitteln nicht überschritten wird. Sie leben sehr stark von ihrem guten Ruf und riskieren es daher nicht, abgelaufene Produkte in den Regalen zu belassen. In den konventionellen Supermärkten ist das nicht immer so. Das Haltbarkeitsdatum zu lesen, ist für Sehbehinderte wie Blinde gleichermaßen ein Graus, weil es oft mit dünner Schrift irgendwo auf die Verpackung gestempelt ist.

In fremden Supermärkten ist der Einkauf ein wenig schwieriger. Ich behelfe mich damit, mich an den Produktkategorien entlang zu hangeln. Nehmen wir an, ich suche Haferflocken. Sie befinden sich meistens beim Müsli. Müsli ist oft am Anfang eines Supermarktes und recht leicht an der Verpackung zu erkennen. Haferflocken sind meistens in einem Beutel zu 500 Gramm gepackt und lassen sich deshalb relativ gut von Müsli in Pappverpackung oder Plastikbeutel unterscheiden. Blöd nur, wenn Haferflocken bei den Backwaren stehen.

Das Erkennen von Produkten ist auch nicht so schwierig, wie man denkt. An Größe oder Form der Verpackung kann man die meisten Produktkategorien recht gut unterscheiden. Frischkäse ist anders verpackt als Schnittkäse oder Magerquark. Schwierig wird es bei Produkten, die relativ gleich gestaltet sind. Eine bestimmte Sorte oder Marke von Schokolade zu finden ist nicht einfach. Shampoo, Spülung und Duschgel sind an der Form der Verpackung oder durch Schütteln nicht zu unterscheiden. Deswegen haben es Blinde besonders gern, wenn Verpackungen ein eigenes Design haben. Das gilt zum Beispiel für das Duschgel von AXE. Bei solchen Produkten kann man auch schnell und unauffällig die Flasche öffnen, um „nachzuriechen", ob es die richtige Sorte ist.

Viele Blinde verwenden spezielle Geräte oder Apps, um den Barcode eines Produktes zu scannen und zu erfahren, um was es sich handelt. Bei unzähligen Produkten ist das natürlich recht aufwendig.

Ein wahrer Albtraum sind für mich Reformhäuser und ähnlich exotische Geschäfte. Da ich viele der Produkte nicht kenne, ist nicht einmal ein annäherndes Identifizieren möglich. Das Pulver, das in einer Plastiktüte steckt, die wiederum in einem Pappkarton steckt, könnte wirklich vom Sojamehl bis zum Abführmittel alles enthalten.

Kleidung kaufe ich immer nur mit sehender Begleitung. Das durchschnittliche Schuhgeschäft enthält 95 Prozent Frauenschuhe, 4 Prozent Kinderschuhe und 1 Prozent Männerschuhe, bei anderen Klamottenläden sieht es nicht wesentlich anders aus. Für einen Mann kann es schon ziemlich peinlich werden, wenn er minutenlang Damenbekleidung durchwühlt. Abgesehen davon kann ich nicht beurteilen, ob mir ein Kleidungsstück steht oder nicht.

Viele von euch werden fragen, warum wir nicht einfach einen Mit-Einkäufer oder Mitarbeiter des Supermarkts um Hilfe bitten. Das geht theoretisch, erweist sich aber als Geduldspiel. Supermärkte sind kein Ort, an dem man sich gerne aufhält. Der erste Kunde hat keine Zeit, der nächste hat keine Lust und der dritte sagt einfach «Ja, das ist Marzipan», obwohl es Nugat ist. Verprügeln kann man ihn ja nicht mehr, wenn man den Irrtum bemerkt. Aber Scherz beiseite: Ich kann es gut verstehen, wenn die Leute keine Zeit oder Lust haben, minutenlang bei der Suche nach Produkten zu helfen. Einzelne Produkte sind meistens kein Problem, aber so eine Einkaufsliste kann ganz schön lang sein.

Obwohl ich das aus vielen Gründen nicht für sinnvoll halte,

bin ich wie viele Blinde dazu übergegangen, exotische Produkte im Internet zu bestellen. Es ist sehr bequem. Es gibt aber auch handfeste finanzielle Gründe. Es ist schon so nicht ganz einfach, Preise zu vergleichen, aber als Blinder schafft man es oft nicht, das günstigste Produkt zu finden. Das böse Erwachen kommt dann an der Kasse.

Besonders extrem ist das bei Medikamenten. Die Preise der Versandapotheken liegen oft 50 Prozent und mehr unter denen der Ladengeschäfte. Medikamente gehören ohnehin zu den teuersten Produkten und viele Blinde haben kein hohes Einkommen. Mittlerweile scheint auch das Bestellen von Lebensmitteln über das Internet in Schwung zu kommen. Das ist ökologisch unbedenklich, weil die Lieferung über den lokalen Supermarkt erfolgt.

Blinde und Sport

Der Behindertensport hat viele Jahre lang ein Schattendasein gefristet. Dabei ist er ebenso vielfältig wie der Sport Sehender.

Blinde können oft die gleichen Sportarten wie Sehende ausüben. So gibt es einige erfolgreiche blinde Kampfsportler, insbesondere in Judo und Karate. Daneben sind viele Sportarten problemlos machbar, bei denen man nicht direkt sehen muss, zum Beispiel Segeln, Rudern oder Paddeln. Klettern und Bergsteigen sind ebenfalls beliebt. Der blinde Bergsteiger Eric Weihenmayer hat eine eigene Technik entwickelt, um auch hohe Berge selbstständig besteigen zu können. In Deutschland bekannter ist der österreichische Bergsteiger Andy Holzer, der seine Erfahrungen in einem Buch zusammengefasst hat. Es gibt eine Reihe spezieller Blinden-Sportarten. Beim Blinden-Fußball klingelt der Ball, damit die Spieler ihn hören können. Damit die Sportler nicht andauernd miteinander zusammenstoßen, rufen sie «Hoy» aus, das ist Spanisch für «Ich komme». Der Blinden-Fußball dürfte einer der wenigen Sportarten überhaupt sein, bei dem die Zuschauer nicht jubeln oder ihre Lieblinge anfeuern dürfen, denn die Spieler müssen vor allem ihr Gehör einsetzen und da würde das Geschrei nur stören. Auch Sehende und Sehbehinderte dürfen natürlich mitspielen, sie müssen lediglich eine Augenbinde tragen, Fairness muss sein.

Daneben gibt es eine Reihe abgewandelter Sportarten. Aktuell beliebt ist zum Beispiel Tischball, eine blindengerechte Form des Tischtennis.

Wie selbstständig können Blinde leben?

Die Fähigkeiten der Blinden sind sehr unterschiedlich ausgeprägt. Es gibt Blinde, die alleine auch in ferne Regionen reisen und sich durch fremde Städte, die Wüste oder den Dschungel schlagen. Dazu gehören der Bergsteiger Eric Weihenmeier oder Sabriye Tenberken, die eine Blindenschule in Tibet aufgebaut und nebenbei eine tibetische Blindenschrift entwickelt hat. Der blinde Franzose Jacques Lusseyran baute eine Widerstandsgruppe gegen die Nazis im besetzten Frankreich auf. Zoltán Törey wurde international als der Mann bekannt, der sein Dach blind gedeckt hat.

Es gibt ebenso Blinde, die ihr Heim nur verlassen, wenn sie müssen. Das sind oft – aber nicht immer – Menschen, die erst im Alter erblindet sind, sie haben nie gelernt, sich außerhalb ihrer Wohnung zurechtzufinden. Viele Blinde werden von ihren Eltern nicht dabei unterstützt, selbstständig zu leben. Sie lernen nicht, einzukaufen, sich zu orientieren, zu kochen oder zu putzen. Natürlich werden auch Sehende oft verhätschelt, aber sie können sich auch ohne diese Fähigkeiten durchschlagen oder sie lernen es, wenn sie es müssen. Blinde hingegen brauchen oft Hilfe von Dritten, um diese grundlegenden Verrichtungen zu erlernen, und oft trauen sie sich nicht, sich diese Hilfe zu holen. Oder sie bekommen sie einfach nicht, weil niemand die Kosten übernehmen will.

Im Übrigen sind die blinden Abenteurer eher die Ausnahme als die Regel. Wenn ich über einen Sehenden lese, der die Welt in einem Heißluft-Ballon oder einem Segelboot umkreist, gehe ich nicht davon aus, dass das auch alle anderen Sehenden machen. Ebenso gibt es einige blinde Abenteurer und Extrem-Sportler, die aber die Ausnahme und nicht die Regel sind. Es hängt also eher von der Mentalität der Menschen ab als von ihrem körperlichen Zustand, ob sie solche Abenteuer suchen. Ebenso sind Selbstbewusstsein und Selbstvertrauen entscheidend dafür, wie selbstständig Blinde unterwegs sind. Trauen sie sich zu, auch kritische Situationen zu überstehen oder sich wenn nötig Hilfe zu holen, werden sie wesentlich selbstständiger sein, als wenn sie das nicht tun.

Es gibt spezielle Schulen und Ausbildungs-Einrichtungen für Blinde. Diese Einrichtungen waren einmal durchaus fortschrittlich, denn es gab eine Zeit, in der Behinderte als leistungsunfähig galten und in Heimen oder Behinderten-Werkstätten untergebracht wurden. Erst mit speziellen Schulen und Berufsbildungswerken wuchs ihre Chance, einen konventionellen Job zu finden.

Obwohl die Spezial-Einrichtungen den blinden Menschen helfen sollen, stehen sie einer Inklusion in der Gesellschaft doch oft genug im Wege. Die Berufsbildungswerke sind kleine Parallelwelten mit Kneipe, Supermarkt, Frisör und Fitnessstudio. Wenn man wochenlang das Gelände nicht verlassen muss, fördert das nicht die Integration in die Gesellschaft.

Bemerkenswert ist die geringe Zahl behinderter Mitarbeiter in solchen Einrichtungen. Sie sollten ein Interesse daran haben, möglichst viele selbst Betroffene zu beschäftigen, da diese Mitarbeiter auch eine Vorbildfunktion für die blinden Rehabilitanden oder Schüler haben können. Ich sage gerne: Der Behindertensektor ist die größte Arbeitsbeschaffungsmaßnahme für Nicht-Behinderte.

Viele Blinde leben in Marburg, einer mittelhessischen Stadt an der Lahn. Die dortige Blindenstudienanstalt bot lange Zeit die einzige Möglichkeit, Abitur zu machen und die Berechtigung für ein Hochschulstudium zu erhalten. Es gibt wohl keine Stadt in Deutschland, die so stark von Blinden geprägt wurde. So gibt es an fast jeder Ecke blindengerechte akustische Ampeln. Viele Geschäfte und Behörden sind vertraut mit dem Umgang mit Blinden.

Es wäre durchaus wünschenswert, dass es in allen Städten Deutschlands ähnlich aussähe. Leider ist das nicht der Fall. In meiner Heimatstadt Bonn gibt es kaum akustische Ampeln oder Orientierungshilfen für Blinde. Wenn ich eine Behörde oder einen Supermarkt betrete, habe ich oft den Eindruck, die Leute seien mit meiner Blindheit total überfordert. Das macht aber nichts, in der Regel hinterlasse ich bei den Leuten ein Aha-Erlebnis, dass der Umgang mit Blinden kein Hexenwerk ist. Manchmal genieße ich es sogar, offensichtlich der erste Blinde zu sein, dem die Leute begegnen.

Der Nachteil des Rund-um-Sorglos-Pakets der Blinden-Einrichtungen besteht darin, dass die Menschen irgendwann verlernen, sich ohne diese Hilfen zurechtzufinden. Sie trauen sich dann nicht mehr, Marburg zu verlassen, um etwa einen neuen Job anzutreten. Schließlich können sie nicht wissen, ob sie sich in einer fremden Stadt zurechtfinden werden, in der es zum Beispiel keine akustischen Ampeln gibt oder in der sie sich ganz neu orientieren müssen.

Typische Probleme

Nun habe ich viel darüber gesprochen, was Blinde trotz ihrer Behinderung alles schaffen. Aber natürlich bleibt eine Sehschwäche nicht ohne gravierende Auswirkungen auf den Alltag.

Viele Probleme blinder Menschen sind nicht auf Blinde beschränkt. Es gibt zum Beispiel das Phänomen der Gesichtsblindheit, von dem viele Menschen betroffen sind – oft ohne es selbst zu wissen. Die Ursachen sind noch nicht vollständig geklärt, aber es scheint mit dem Teil des Gehirns zusammenzuhängen, der auch für das Erkennen komplexer Objekte zuständig ist. So berichtet der Psychologe Oliver Sacks in «Das innere Auge» über seine Unfähigkeit, Gesichter zu erkennen, er hat sogar seine eigene Frau nicht erkannt. Er hat aber ähnliche Probleme, wenn es um das Erkennen von Umgebungen geht, so ist er häufiger an seiner eigenen Wohnung vorbeigelaufen.

Ich selbst habe häufig Probleme, Umgebungen wiederzuerkennen, wenn sich die Lichtverhältnisse ändern oder es geregnet hat. Ich laufe zum Beispiel oft durch die Rheinaue, einem großen Park in Bonn. Wenn ich von der Straßenbahnhaltestelle zum Büro gehe, habe ich kein Problem, den Weg zu finden. Es ist mir jedoch bisher nicht gelungen, den Rückweg zu finden, obwohl es der gleiche Weg ist. Die Sonne steht anders, die Wege verzweigen sich auf dem Hinweg anders als auf dem Rückweg. Es gibt keine eindeutigen Orientierungspunkte, da für mich alles Grün und alle Bäume gleich aussehen. Ist der Weg verschneit, nehme ich eine andere Strecke, denn ab einer bestimmten Dichte der Schneedecke ist es für mich nicht mehr möglich, den Weg von der Wiese zu unterscheiden und mich somit am geteerten Weg zu orientieren. Ich könnte stundenlang im Kreis laufen, da ich die Begrenzungen nicht mehr erkennen kann.

Blinde können keine Gesichter erkennen, das liegt auf der Hand. Aber auch Stimmen lassen sich oft nur schwer unterscheiden. Es ist zum Beispiel schwierig, eine Stimme wiederzuerkennen, wenn man den Menschen in einem Zusammenhang trifft, in dem man ihn nicht erwartet. So kann man den Arbeitskollegen problemlos in der Firma erkennen, während man sich am Bahnhof fragt, wer da gerade «Hallo» gesagt hat. Es passiert mir oft, dass ich erst im Nachhinein merke, dass mich jemand angesprochen hat oder dass ich zur falschen Person Guten Tag sage. Wenn ich jemanden auf dem Flur meines Büros treffe, weiß ich oft nicht, ob ich diese Person gut genug kenne, um ein Gespräch mit ihr zu führen.

Das Problem trifft noch stärker hochgradig Sehbehinderte oder Menschen, die erst seit Kurzem schlechter sehen. Sie trauen sich zumeist nicht, nachzufragen, wer da vor ihnen steht. Oft ist man schon mitten im Gespräch und dann ist es natürlich doppelt peinlich, den Gesprächspartner nach seinem Namen zu fragen. Die meisten Menschen behelfen sich damit, die Person an einer Besonderheit (Kleidung, Brille, Frisur) oder aus dem Gesprächszusammenhang zu erkennen. Das klappt aber nicht immer, wenn man die Person zum Beispiel außerhalb des gewohnten Zusammenhanges trifft oder das Gespräch so allgemein ist, dass sich daraus nichts ableiten lässt. Vielleicht kommt daher meine Abneigung gegen Smalltalk, ob das Wetter schön ist oder nicht weiß ich selber, aber wer zum Teufel bist du?

Tatsächlich sind diese Situationen eine der herausforderndsten Konsequenzen der Blindheit. Es ist zum Beispiel extrem schwierig, an der Universität Freundschaften zu schließen, denn man erkennt den netten Menschen nicht, mit dem man sich so schön in der Mensa unterhalten hat. Blickkontakt können Blinde nicht herstellen, sodass Spontan-Bekanntschaften erschwert sind. Schlimmer ist es, wenn man den eigenen Partner oder seine Kinder nicht wieder erkennt.

Wiederum sind stark Sehbehinderte stärker betroffen als Blinde. Blinde haben durch ihren Blindenstock quasi eine Entschuldigung dafür, dass sie die Leute nicht erkennen. Sehbehinderte werden im besten Fall für schusselig und im schlimmsten Fall für asozial oder unhöflich gehalten. Manchmal schämen sie sich einfach ihrer für ihre Sehschwäche. Es kommt jedoch auch vor, dass man ihre Sehschwierigkeiten mit Demenz oder Senilität verwechselt. Es gibt einige Parallelen. Sehbehinderte wie senile Menschen suchen häufig nach verlorenen Gegenständen wie Schlüsseln oder Portemonnaies, wenn auch aus unterschiedlichen Gründen. Sehbehinderte können keine größeren Flächen mehr überblicken, senile Menschen wissen nicht mehr, wo sie die Sachen hingelegt haben. Die Behandlung solcher Erkrankungen ist allerdings ganz unterschiedlich, deshalb können falsche Diagnosen für die Betroffenen und ihre Angehörigen schwerwiegende Folgen haben, weil der Patient falsch behandelt wird. Eine nicht erkannte Sehbehinderung kann sich verschlimmern, weil das Auge durch angestrengte Sehversuche zusätzlich belastet wird.

Kapitel 3
Blinde und Medien

Beim Medienkonsum sind die Unterschiede zwischen Blinden und Sehenden gar nicht so groß. In diesem Kapitel widme ich mich vor allem Büchern, dem Fernsehen und dem Internet. Beim Radio sind wir alle auf unser Gehör beschränkt. Für den Medienkonsum nehmen das Smartphone und der mobile Internet-Zugang eine entscheidende Rolle ein; wie das funktioniert, erfahrt ihr im letzten Abschnitt dieses Kapitels.

Bücher als Tor zur Welt

Bücher sind das Medium für Blinde und im Übrigen auch für die meisten anderen Sinnes-Behinderten. Schriftsteller sind gezwungen, nur mit Worten Bilder in den Köpfen der Leser entstehen zu lassen. Nur die mündliche Erzählung kommt, was die Fantasie angeht, dem Lesen nahe. Hörspiele und Fernsehen hingegen geben sehr viel vor und schränken dadurch die Fantasie ein. Blinde und Gehörlose können das Fernsehen nie so genießen wie Sehende oder Hörende, weil ihnen jeweils eine wichtige Dimension fehlt, ganz zu schweigen von Taubblinden, denen wirklich nur die Literatur bleibt.

Ich nenne Bücher gerne das inklusivste Medium, denn sie sind das einzige Medium, über das Sinnes-Behinderte mit Nicht-Behinderten auf Augenhöhe diskutieren können. Jedes Buch ist praktisch eine eigene Welt: Um diese Welt zu erschaffen, müssen die Autoren sie lebendig beschreiben mit allen Geräuschen, Objekten und Gerüchen. Was sie nicht beschreiben, gibt es nicht, sodass alle Leser das gleiche Material für ihre Fantasie haben.

Für Blinde ist das Spannende an Büchern, dass sie über diese vieles erfahren, was sie sonst nicht mitbekommen würden. Selbst der fleißigste Begleiter wird irgendwann müde, wenn er Personen, Landschaften oder Gegenstände beschreiben soll. Und so gut sie es meinen, die meisten Menschen sind schlechte Beobachter. Autoren beherrschen diese Kunst spielend und ihre Beschreibungen sind oftmals spannender als die Wirklichkeit. Ich werde vermutlich nie das englische Dartmoore besuchen, aber ich bin mir sicher, dass die Wirklichkeit für mich nie so lebendig und anschaulich wirken wird wie die Beschreibung dieser Landschaft in Artur Conan Doyles «Der Hund von Baskerville». Wenn es etwas gibt, das Blinde wieder sehend macht, dann sind es am ehesten Bücher.

Blinde beziehen ihren Lesestoff vor allem über Hörbüchereien. Das sind spezielle Bibliotheken, die Hörbücher statt gedruckter Bücher verleihen. Die Bücher werden von den Bibliotheken in Braille oder als Hörversion umgesetzt und gelangen als kostenlose Blindensendung über die Post zum Leser. Der Ausleiher liest das Buch und sendet es an die Hörbücherei zurück, die ihm daraufhin ein neues Buch schickt. Im Angebot der Hörbüchereien gibt es die gesamte Bandbreite an Genres, die man auch im Buchladen findet: Krimis, Liebesromane, Sachbücher, Ratgeber und vereinzelt auch wissenschaftliche Literatur.

Hörbücher haben gegenüber gedruckten Büchern gewisse Nachteile. Es ist nicht möglich, ein Kapitel oder eine bestimmte Seite gezielt anzuspringen. Deswegen werden die Hörbücher der Hörbüchereien im sogenannten DAISY-Format veröffentlicht. Daisy steht für Digital Accessible Information System. Dieser Standard erlaubt es, mit einem Hörbuch fast so zu arbeiten wie mit einem gedruckten Buch. Für die normale Konsum-Literatur spielt das weniger eine Rolle. Aber in der Wissenschaft ist es wichtig, exakt zu zitieren, Fußnoten gezielt ansteuern zu können und Ähnliches. Das ist mit normalen Hörbüchern schwierig wird jedoch durch DAISY ermöglicht.

Derzeit gibt es ca. 60.000 nicht-kommerzielle Hörbücher und Braille-Bücher. Braille-Bücher können einfacher als Hörbücher erstellt werden, sind aber in der Vervielfältigung teurer und nehmen mehr Platz weg. Ein Beispiel: Die Luther-Bibel umfasst in der Kurzschrift 33 Bände, in der Vollschrift wären es mehr als 50 Bände. Als Hörbuch im MP3-Format würde die komplette Bibel auf einen USB-Stick passen, ein digitaler Text würde sogar auf einer uralten 3,5-Zoll-Diskette Platz finden. Eine CD kann in wenigen Minuten mit fast jedem Computer kopiert werden und kostet wenige Cent. Für die Blindenschriftfassung sind teure Maschinen erforderlich. Das digitale Hörbuch gewinnt also in fast jeder Hinsicht gegenüber dem Braille-Buch. Ein wichtiger Grund für den Sieg des Hörbuchs besteht aber auch darin, dass viele Blinde Braille nur rudimentär beherrschen. Die meisten Menschen, die im Alter erblinden, wären damit überfordert, die Brailleschrift ausreichend flüssig zu lesen, um Spaß an Büchern zu haben.

Mittlerweile gibt es eine wesentlich größere Zahl kommerziell produzierter Hörbücher, die ebenfalls gern von Blinden genutzt werden. Der deutsche Marktführer Audible bietet nach eigenen Angaben mehr als 80.000 Hörbücher, also mehr als den gesamten Bestand der Hörbüchereien. Das ist auch gut so, denn die Hörbüchereien stellen trotz großer Anstrengungen nur einen Bruchteil der deutschsprachigen Bücher als Hörbücher zur Verfügung.

Tatsächlich dürften sich Blinde am meisten über den Siegeszug der E-Books freuen, weil sie digitale Dokumente problemlos mit ihrer Hilfstechnik lesen können. Normalerweise vergeht einige Zeit zwischen dem Erscheinen eines gedruckten Buches und einer Version für Blinde – sofern es überhaupt eine gibt. Nur in wenigen Fällen, vor allem bei Mega-Sellern, erscheinen Buch und Hörbuch parallel. Blinde müssen also häufig warten, um den neuesten Schmöker lesen und etwa mit ihren sehenden Freunden diskutieren zu können. Das E-Book hingegen erscheint bei neu veröffentlichten Büchern heute meistens parallel zur gedruckten Version.

Die Brailleschrift

Viele Sehende sind von der Brailleschrift fasziniert. Dabei spielt sie eine eher geringe Rolle. Viele, vor allem Spät-Erblindete, beherrschen die Punktschrift – so nennen wir die Brailleschrift – nicht oder nicht ausreichend, um gut mit ihr arbeiten zu können. Wie so viele Dinge wird auch die Zahl der Braille-Leser nicht erfasst. Der DBSV geht davon aus, dass circa 10 bis 20 Prozent der Blinden Braille lesen können.

Die Brailleschrift wurde im 19. Jahrhundert vom Franzosen Louis Braille entwickelt. Louis Braille war nach einem Unfall im Alter von drei Jahren erblindet. Schon als Kind ärgerte er sich darüber, dass er nicht selbstständig lesen konnte. Mit 11 Jahren begann er die Arbeit an einer für Blinde lesbaren Schrift. Die Brailleschrift hatte verschiedene Vorbilder. Die wichtigste Inspirationsquelle war die Nachtschrift, ein auf zwölf Punkten basierendes Schriftsystem. Es wurde vom französischen Artillerie-Hauptmann Charles Barbier für die Übermittlung von Befehlen an die Soldaten entwickelt. Die Schrift war so gestaltet, dass sie im Dunkeln mit den Fingern gelesen werden konnte. Louis Braille vereinfachte das Schriftsystem, in dem er zum Beispiel die Zahl der Punkte von zwölf auf sechs reduzierte. Dadurch war es möglich, einzelne Zeichen zu erfassen, ohne den Finger zu bewegen. Mit nur 16 Jahren hatte Louis die Brailleschrift fertiggestellt.

Wir können uns heute schlecht vorstellen, welche umwälzende Revolution diese Entwicklung darstellte, doch die Braille-Schrift muss für Blinde ähnlich gewesen sein wie die Gutenberg-Presse für die Sehenden. Man muss sich erinnern, dass Hörbücher erst in unserem Jahrhundert entstanden und die Computer-Sprachausgaben erst vor ca. 30 Jahren brauchbar wurden. Braille war lange Zeit die einzige Möglichkeit für Blinde, ohne fremde Hilfe zu lesen und – das wird oft vergessen – auch zu schreiben. Lesen und Schreiben sind bis heute die wichtigsten Techniken, um an der Gesellschaft teilhaben zu können egal, ob es um Behördensachen, Kultur oder Arbeit geht. Wer nicht lesen und schreiben kann, ist vollkommen von anderen Menschen abhängig.

Die Brailleschrift ist sehr einfach aufgebaut. Sie besteht aus sechs Punkten, die in dickes Papier eingestanzt werden und sich erfühlen lassen. Mit diesen sechs Punkten können 64 Zeichen dargestellt werden. Braille kann auch mit einem elektronischen Display dargestellt werden. Dieses Gerät heißt Braillezeile und stellt die Punkte mittels beweglicher Stifte dar, die blitzschnell ein- und ausgefahren werden.

Ein Zeichen in Braille entspricht einem Zeichen in Schwarzschrift – so nennen wir die gedruckte Schrift. Die sechs Punkte entsprechen dem, was eine Fingerkuppe auf einmal erfassen kann. Sie muss ja von einem Kind mit kleinen Fingerkuppen ebenso gut erfasst werden können wie von einem 2 Meter großen Mann.

Braille nimmt mehr Platz ein als vergleichbarer Text in Schwarzschrift, da die Zeichen größer sind und das Papier dicker als normales Papier ist. Deshalb gibt es zwei verschiedene Formen: die Vollschrift und die Kurzschrift. Bei der

Vollschrift entspricht ein Zeichen in Braille einem Zeichen in Schwarzschrift. Bei der Kurzschrift werden einzelne Braillezeichen und Zeichenkombinationen verwendet, um gängige Zeichenkette, Silben und ganze Worte abzukürzen. Damit lassen sich im Vergleich zur Vollschrift bis zu 40 Prozent an Platz einsparen.

Neben der Basisschrift gibt es noch unzählige Zeichensysteme für spezielle Zwecke, zum Beispiel für die Mathematik oder zur Darstellung von Musiknoten. Im Computer-Braille gibt es zum Beispiel spezielle Zeichen, die Internet-Adressen vorangestellt werden. Der Sehende kann ganze Textabschnitte erfassen, der Blinde kann hingegen nur zeichenweise lesen, deswegen sind solche Zeichen für ihn besonders wichtig.

Die Vollschrift oder Basisschrift ist in allen Ländern mit lateinischen Buchstaben fast identisch. Unterschiede sind vom jeweiligen Alphabet bedingt, so gibt es im Französischen kein «W», im Englischen keine Umlaute und so weiter. Die Kurzschrift ist hingegen in jeder Sprache anders, da sich Silben und häufige Zeichenketten unterscheiden.

Ein geübter Braille-Leser schafft bis zu 120 Wörter pro Minute. Das ist ziemlich schnell, allerdings schafft ein geübter Schwarzschrift-Leser zwischen 200 und 300 Wörter pro Minute. Die übliche Geschwindigkeit beim Vorlesen etwa für Hörbücher liegt bei 150 Wörtern pro Minute.

Aus verschiedenen Gründen spielt die Braille-Schrift vor allem in westlichen Ländern heute keine so große Rolle mehr. Die meisten Menschen erblinden heute im Erwachsenenalter. In dieser Lebensphase ist es für sie wesentlich schwieriger, neue Schriften zu lernen. Die Priorität liegt auf der Mobilität und lebenspraktischen Fertigkeiten, was ihre ganze Energie erfordert. Die Grundlagen von Braille sind schnell erlernt, aber man braucht viel Übung, bis man flüssig lesen kann. Und es macht auch nur Spaß, wenn man flüssig lesen kann.

Braille zu lernen ist fast, als ob man neu lesen lernen würde. Vielen älteren Menschen fehlt es auch an der nötigen taktilen Sensibilität, ihre Fingerkuppen sind nicht feinfühlig genug, um die einzelnen Punkte unterscheiden zu können.

Hinzu kommt der hohe Anschaffungspreis für digitale Braillezeilen. Eine aktuelle Zeile kostet zwischen 1.000 und 10.000 Euro. Für diesen Preis kann man sich mehrere Smartphones, Tablet-PCs und Computer kaufen, die mittlerweile ohne Probleme per Sprachausgabe bedienbar sind.

Dabei ist Braille für den Alltag sehr praktisch. Mit speziellen Maschinen lassen sich kleine Klebestreifen beschriften, mit denen man zum Beispiel Konservendosen oder CD-Hüllen kennzeichnen kann. Es gibt aber auch handfeste Vorteile: Braille-Bücher lassen sich anders als Hörbücher auch ohne Strom und auch in lauten Umgebungen nutzen. Eine Untersuchung würde sehr wahrscheinlich zeigen, dass blinde Kinder ohne Braille-Kenntnisse Schwierigkeiten mit korrekter Rechtschreibung und Grammatik haben. Das mag im Deutschen noch nicht so dramatisch sein, aber spätestens beim Erlernen von Fremdsprachen kann es schwierig werden, da sich Aussprache und Schreibweise in anderen Sprachen deutlich unterscheiden können. Viele Blinde meinen auch, dass das Selber-Lesen eine ganz andere Form der Beschäftigung mit Literatur ist als das Hören von Hörbüchern.

Braille hat unbemerkt in fast jeden Haushalt Einzug gehalten. Das glaubst du nicht? Dann wühle einmal deinen Medikamentenschrank durch und taste die Pappverpackung ab.

Fernsehen ohne Bild

Blinde schauen durchaus fern und zwar auch Sendungen, die vollkommen für Sehende ausgelegt sind wie Actionfilme oder Comics. Die Meisten dürften allerdings dialoglastigere Formate vorziehen.

Vielleicht hast du schon mal mit der Fernbedienung herumgespielt und plötzlich erzählte eine Stimme in den stillen Teilen des Filmes, was gerade passiert. Das ist die Audiodeskription, eine Filmbeschreibung für Blinde und stark Sehbehinderte.

Die Audiodeskription selbst gibt es schon lange, so gibt es uralte Agatha-Christie-Verfilmungen, die beschrieben wurden. Sie ist allerdings erst in den letzten zehn Jahren wirklich weiter verbreitet worden. Vor allem die öffentlich-rechtlichen Fernsehsender mussten sich verpflichten, ihr Programm für Blinde und Sehbehinderte zugänglicher zu machen, nicht zuletzt, weil diese Gruppe seit 2013 Rundfunkgebühren zahlen muss. Im Folgenden verwende ich das Wort beschreiben statt dem genaueren, aber sperrigeren Begriff «deskribieren».

Die große Mehrheit aller Sendungen wird überhaupt nicht beschrieben. Da die Audiodeskription aufwendig und teuer ist, muss jemand entscheiden, welche Sendungen beschrieben werden und welche nicht. Früher wurden Filme beschrieben, die wer auch immer für kulturell wertvoll hielt. Das ist die Art von Sendungen, deren Einschaltquoten in Promille gemessen werden. Erst in den letzten Jahren wurden auch populäre Serien wie der Tatort beschrieben.

Allerdings wird das Gros der US-amerikanischen Filme nach wie vor nicht beschrieben, ebenso wenig wie die zahllosen amerikanischen Serien, die einen Gutteil des deutschen Fernsehprogramms ausmachen und auch bei den Zuschauern sehr beliebt sind. Die deutschen Privatsender verzichten fast vollständig auf Audiodeskription.

Jedes Filmbild enthält tausende Elemente, die Kleidung des Schauspielers, die Einrichtung, die Mimik und Gebärden und vieles mehr. Die Audiodeskription kann nur einen Bruchteil dieser Informationen vermitteln. Deswegen kann sie kein adäquater Ersatz für den eigentlichen Film sein.

Das größere Problem besteht darin, dass Audiobeschreibungen ein indirekter Ersatz für ein anderes Medium sind. Sie sind selber kein Medium und können deshalb weder die emotionale Kraft des Filmes übermitteln noch selbst emotional wirken. Ein Liebesfilm funktioniert vor allem durch Bilder, die man sehen muss, um mit den Protagonisten lieben und leiden zu können. Eine relativ nüchterne Audiobeschreibung kann nicht den gleichen Effekt wie diese Bilder haben. Man kann sich wohl nichts Abtörnenderes vorstellen als eine Nachrichtensprecher-Stimme, die eine Sex-Szene beschreibt. Ein guter Erzähler oder Hörbuchsprecher schafft es spielend, den Zuhörer in die Geschichte zu ziehen, was die Audiodeskription leider nicht kann.

Das Internet

Du hast sicherlich schon erraten, dass auch Blinde das Internet nutzen können. Wie das technisch funktioniert, erkläre ich im Kapitel «Blinde und Computer», an dieser Stelle möchte ich nur zeigen, was Blinde so im Internet treiben.

Früher waren Blinde immer ein wenig der aktuellen Entwicklung hinterher. Wir haben noch Mailinglisten genutzt, als andere schon gechattet haben. Als Facebook aufkam, verwendeten wir noch Skype. Heute sind wir auf den gleichen Plattformen wie Sehende unterwegs.

Der Zugang zum Internet bedeutet für Blinde wesentlich mehr als für Sehende. Vor 15 Jahren war schon das Lesen einer Tageszeitung für viele Blinde unmöglich. Heute können wir uns zwischen SpOn, Zeit Online oder der FAZ entscheiden. Ich habe häufig vor dem Kiosk gestanden und mich geärgert, dass da hunderte von Magazinen und Zeitschriften lagen, die für mich einfach nicht lesbar waren. Heute finde ich mehr im Internet, als ich in einem Leben lesen könnte.

Aber Blinde konsumieren nicht nur Inhalte, sie sind auch fleißige Produzenten. Es gibt eine kleine, aber feine Blogger-Szene und zahlreiche Web-Projekte von Blinden. Einige Blinde produzieren Podcasts und sogar Videos und stellen sie auf YouTube ein.

Der Vorteil des Internets ist die Anonymität, nicht im Sinne der Persönlichkeit, sondern von Behinderung. Dein Lieblings-Blogger oder YouTube-Musiker könnte tatsächlich blind sein und du würdest es nie erfahren. Das hat zur Folge, dass man durch seine Behinderung weder geschont noch benachteiligt wird. Content is King. Vielleicht sind wir im Internet nicht alle gleich, aber das Internet kommt der Inklusion doch recht nahe. Ich kann nie wissen, ob der engagierte Fußball-Fan, mit dem ich über die Bayern lästere blind, im Rollstuhl, gehörlos oder manisch-depressiv ist und es ist mir auch total egal.

Das Smartphone

Das Smartphone hat auch für Blinde den Zugang zur Technologie und zum Internet revolutioniert. Zu verdanken ist das ohne Zweifel Apple oder vielmehr Steve Jobs persönlich, der sich gewünscht hat, dass seine Geräte für alle Menschen zugänglich sein sollten. Seit dem iPhone 3 Gs gibt es eine eingebaute Sprachausgabe für Blinde. Das erste iPad war out of the box für Blinde bedienbar, so etwas hat es zuvor nicht gegeben. Vorher mussten Blinde viel Geld für spezielle Geräte ausgeben.

Diese Entwicklung hat dazu geführt, dass Blinde ihr Smartphone im Wesentlichen genauso benutzen können wie Sehende. Sie checken das Wetter, chatten über WhatsApp, lassen sich von Foursquare die spannendsten Plätze zeigen oder navigieren mit Google Maps durch die Landschaft. Sie nehmen an Schnitzeljagden teil, spielen Audio-Games und chatten mit WhatsApp wild durch die Gegend.

Neben den Apps, die jeder nutzt gibt es viele spezielle Apps für Blinde. Es gibt Apps zur Texterkennung, zur Identifikation von Farben oder zum Lesen von Strichcodes. Dadurch kann das Smartphone auf einen Schlag eine ganze Reihe teurer Hilfsmittel ersetzen. Es gibt spezielle MP3-Player, Einkaufshilfen, Navigationssysteme und so weiter für Blinde, aber deren Preise bewegen sich zwischen abenteuerlich und unverschämt. Die Apps hingegen sind für wenige Euro zu haben.

Das Smartphone hat unsere Unabhängigkeit unendlich verbessert. Früher habe ich für meine Reiseplanung immer zwei Ausweichverbindungen ausgedruckt, damit ich für die üblichen Zugausfälle und Verspätungen gerüstet war. Aber wie das so ist, ab und zu fielen sowohl der geplante Zug als auch die Ausweichverbindung aus. Da ich die Fahrpläne nicht lesen konnte, musste ich mich oft in fremden Bahnhöfen zum Service-Point durchfragen. Dank dem Smartphone kann ich einfach und schnell online nachschauen, wann der nächste Zug oder Bus fährt.

Jenseits von alledem hat das Smartphone auch den Zugang zum Internet wesentlich vereinfacht. Ein Computer ist trotz allen Fortschritts ein komplexes Gerät, erst recht dann, wenn der Screenreader als zusätzliche Herausforderung dazu kommt. Für wenig technikaffine Menschen, die wir auch unter Blinden häufig finden, kann die Einrichtung eines Computers oder Internet-Zugangs eine unüberwindbare Barriere sein. Dank dem Smartphone erhält man heute für rund zehn Euro eine Internet-Basis-Versorgung, die für viele Einsatzzwecke reicht.

Kapitel 4
Wie sich Blinde orientieren

Der unsanfte Kontakt mit Mauern, Autos oder Tischen gehört für Blinde zum Alltag. Der Lauf durch die Stadt ist wie Tetris und Pakman in einem. Für den Sehenden besteht der Raum aus freien Flächen, der von Gegenständen begrenzt wird. Für den Blinden besteht er aus Gegenständen, zwischen denen Raum frei ist.

Für Blinde ist die Welt eine oftmals stressige Ansammlung von Hindernissen. Da steht ein Müllcontainer im Weg, dort wurde eine Schranke für eine Baustelle aufgestellt, an anderer Stelle hängt der Rückspiegel eines LKWs in Kopfhöhe. In der Fußgängerzone kommen ein Passant, ein Fahrradfahrer und ein Auto aus unterschiedlichen Richtungen auf sie zu. Das sie dennoch halbwegs unfallfrei durchs Leben kommen, grenzt an ein Wunder.

Blinde verwenden alle verbliebenen Sinne, um sich zu orientieren. Wer sich zu sehr auf den Sehsinn fixiert übersieht, dass viele Sinne passiv eingesetzt werden. So können wir die Bäckerei oder das Restaurant schon aus größerer Entfernung riechen, im Stadtpark hören wir den Straßenverkehr in der Ferne, wenn sich auf einmal die Bodenbeschaffenheit ändert, merken wir das sofort.

Zwar dürfte bei den meisten Blinden der taktile Kontakt über Hände und Füße der wichtigste sein, aber ohne Gehör, Geruchssinn und weitere sensorische Reize ist eine Orientierung wesentlich erschwert. So können wir zum Beispiel anhand der Windrichtung erkennen, ob wir auf ein Gebäude zugehen. Wind kann nur über eine freie Fläche an uns heran wehen. Deshalb ist die Richtung, aus der der Wind kommt vermutlich kein Gebäude oder Hügel. Wenn ich durch die Bonner Rheinaue laufe, orientiere ich mich am Stand der Sonne. Ich orientiere mich dabei an der Tageszeit, morgens scheint die Sonne aus Richtung der B9, sodass ich, wenn ich aus dem Park raus möchte, in eben diese Richtung laufen muss. Daneben orientiere ich mich aber auch am Verkehrslärm einer Schnellstraße. Andere mögen sich daran stören, ich würde nicht in den Park gehen, wenn es den Straßenverkehr nicht gäbe, denn ich würde auf den verschlungenen Wegen schnell die Orientierung verlieren.

Das Gehör spielt eine erhebliche Rolle. So haben viele Landschaften einen ganz eigenen Klang. Ich sitze gerade am Poppelsdorfer Platz auf einer Bank und höre dabei, wie zahlreiche Busse an den Haltestellen stoppen, die charakteristische Stille, wenn die Autos auf der Hauptstraße wegen einer grünen Ampel halten müssen und die Art, wie der Schall von den Gebäuden reflektiert wird, die für diesen Ort typisch sind. Ich kann nicht sagen, dass ich diesen Ort wiedererkennen würde, wenn ich nicht wüsste, wo ich bin. Aber ich könnte blind sagen, an welcher Stelle des Poppelsdorfer Platzes ich mich befinde.

Für den Sehenden hat jede Landschaft ein typisches Aussehen. Für den Blinden kann jeder Ort ein typisches Klangbild haben. Dieses Klangbild wird aus tausenden Faktoren gebildet: Dem Straßenverkehr, der Art, wie der Schall von den Wänden reflektiert wird, dem Geräusch der Füße auf dem Boden und vielem mehr. In anderen Ländern können Gerüche eine ähnliche Rolle spielen. Ich war vor einigen Jahren auf einem indischen Gewürzmarkt. Der durchdringende Duft von so vielen Gewürzen ist ein unvergleichbares nicht unbedingt angenehmes Geruchserlebnis. Der Vorteil für Blinde besteht darin, dass sie sich dank solcher Gerüche noch besser orientieren können. John Hull beschrieb in seinem Buch

«Im Dunkeln sehen», wie der Regen eine Klanglandschaft in seinem Kopf entstehen ließ: Regen auf Pflastersteinen klingt anders als auf Gras oder auf Bäumen.

Wie wichtig das Gehör ist, merkt man erst, wenn es ausfällt. So werden die Signale akustischer Ampeln oft von Verkehrslärm überlagert. Ein Presslufthammer schneidet einen Blinden von allen anderen Geräuschen ab. Ich fühle mich immer unwohl, wenn ich keinen akustischen Kontakt mehr zur Umwelt habe und weiche Baustellen nach Möglichkeit aus.

Die Haptik, also der physische Kontakt mit der Umwelt ist natürlich nicht zu vernachlässigen. Blinde benutzen – wie Sehende auch – zumeist die gleichen Wege und bilden dabei ein Gedächtnis für die Beschaffenheit des Bodens und fester Hindernisse wie Laternenpfähle heraus. Der Robert-Schuman-Platz in Bonn zum Beispiel ist an einigen Stellen gefliest, an einigen Stellen gepflastert und an vielen Stellen glatt wie ein Bürgersteig. Blinde wissen daher sehr genau, wie sie den Platz so überqueren können, dass sie das gewünschte Ziel erreichen. Dabei helfen auch kleine Mäuerchen, die wohl als Begrenzung für die Autos dienen sollen.

Solche Hindernisse spielen eine große Rolle bei der Orientierung. So suchen viele Blinde gezielt nach Abgrenzungen in Form von Wänden, Wiesen oder Bordsteinkanten, um die eigene Position verorten und sich daran orientieren zu können. Deshalb sind, neben verschlungenen Pfaden, große offene Plätze für Blinde eine große Herausforderung. Wenn sie wegen einer Baustelle oder einem Marktstand ein wenig von ihrer Route abweichen müssen, können sie vollkommen von ihrem Weg abkommen. Freie Flächen wie große Wiesen oder Felder sind für Blinde ein sehr schwieriges Terrain.

Sehende wie Blinde erschaffen eine mentale Repräsentation der Umgebung in ihrem Kopf. Stell dir das Gebäude vor, in dem du wohnst oder arbeitest. Vor allem an deinem Arbeitsplatz wird es Räume geben, die du nie betreten hast. Dennoch hast du ein mentales Abbild des Gebäudes und weißt zum Beispiel, wo sich ein Raum befindet, wenn dir jemand den Weg dorthin beschreibt. Blinde bilden eine ähnliche Repräsentation, wobei diese Vorstellung nur den Teil des Raumes einschließt, der für sie relevant ist. Sie wissen zum Beispiel, dass nach drei Schritten ein Pfahl im Weg steht – wofür er gut ist, spielt für sie keine Rolle. Wenn sie zehn Meter da entlang gehen, bis eine lockere Bodenplatte kommt und sie sich nach links drehen, ist dort ein Briefkasten. Wenn sie auf den Anfang einer Grasfläche stoßen, drehen sie sich um 40 Grad, um zum Eingang des Gebäudes zu kommen. Deswegen ist es für Blinde meist nicht schlimm, wenn sie mit einer Wand oder etwas Anderem zusammenstoßen. Sie brauchen diese Abgrenzungen, um die eigene Position bestimmen zu können. Stell dir vor, du ständest mit verbundenen Augen auf einem freien Platz und wolltest an eine bestimmte Stelle, wie würdest du das hinbekommen? Selbst wenn dich jemand in die richtige Richtung schubst, reicht schon ein ungerader Schritt und du läufst vielleicht einen Meter, vielleicht zehn Meter an deinem Ziel vorbei. Blinde wissen nicht, wie die Decke eines Raumes oder andere Bereiche, an die sie nicht herankommen aussehen. es spielt für sie aber auch keine Rolle.

Nah- und Fern-Orientierung

Es lassen sich zwei Formen der Orientierung unterscheiden. Bei der Nah-Orientierung geht es vor allem darum, Hindernissen auszuweichen oder markante Objekte wie Hauseingänge zu finden. Bei der Fern-Orientierung geht es um das Bewegen in großen Arealen: Das kann der Gang von zu

Hause zur Arbeit, der Spaziergang durch den Park oder das Finden eines Raumes in einem großen Gebäude sein.

Dabei sind unterschiedliche Fähigkeiten gefragt. Bei der Nah-Orientierung ist vor allem eine gute Stocktechnik von Bedeutung. Der Blinde muss in der Lage sein, Hindernissen auszuweichen. Bei der Fern-Orientierung geht es vor allem darum, sich Wege zu merken und sie wieder zu finden. Dabei funktioniert die Orientierung vielstimmig. Der Blinde integriert akustische und taktile Reize, aber auch Gerüche in sein Bild, hinzu kommen weitere Reize wie die Wärme der Sonne oder ein Luftzug. Er muss es nicht nur schaffen, einen bestimmten Ort zu finden, er muss meistens auch den Weg zurückfinden, zum Beispiel zur Bushaltestelle. Für einen Blinden sind fremde Wege wesentlich schwieriger als für einen Sehenden.

Das Orientierungs- und Mobilitätstraining

Für blinde Menschen gibt es das sogenannte Orientierungs- und Mobilitätstraining. Dabei vermitteln spezialisierte Rehabilitationslehrer den Blinden grundlegende Orientierungstechniken und den richtigen Umgang mit dem Blindenstock.

Man muss sich bewusst sein, dass unsere Welt nicht dafür geschaffen ist, dass sich Blinde darin zurecht finden. Während Sehende in der Schule oder durch Beobachtung die elementaren Verkehrsregeln lernen, müssen Blinde das aktiv beigebracht bekommen. Ich selbst wusste bis vor ein paar Jahren nicht, dass Autos auf Zebrastreifen Vorfahrt haben. Ich dachte, ein Zebrastreifen wäre eine Art immergrüne Ampel für Fußgänger.

Preisfrage: Wie überquert ein Blinder die typische X-Kreuzung? Das ist eigentlich relativ einfach. Er wartet, bis der Verkehr in der Straße fährt, die er nicht überqueren will, wenn die Autos auf der einen Straße fahren, müssen die auf der anderen warten und umgekehrt. Das klappt natürlich nur bei einfachen Kreuzungen. Es gibt auch komplexe Kreuzungen, die für Blinde kaum vernünftig und sicher überquerbar sind. Ich ziehe eine übersichtlichere Kreuzung vor und nehme deshalb oft lange Umwege in Kauf.

Was ich gerade beschrieben habe, ist das grundlegende Training. Eine weitere Trainingsform ist das Erkunden neuer Wege. So sollte ein Blinder in der Lage sein, alleine zur Arbeit und zurück zu kommen oder Einkaufen zu gehen. Die Mobilitätslehrer üben mit ihm wichtige Wege ein, zeigen ihm Orientierungspunkte oder wie er schwierige Stellen, wie z. B. Zugschienen, gefahrlos überqueren kann.

Der Blinde muss zunächst die Nahorientierung lernen, bevor er die Orientierung auf wichtigen Wegen erlernt. Wenn er in eine neue Stadt zieht, bekommt er die Fernorientierung aufs Neue beigebracht. Dabei ist es wichtig, dass er vor allem ein Grundverstädnis für seinen Wohnort bekommt, denn je größer eine Stadt ist, desto weniger wird er in der Lage sein, sich alle nötigen Wege beibringen zu lassen. Schon eine mittelgroße Stadt wie Bonn ist schwer zu überblicken. Berlin würde jedes Mobilitätstraining sprengen. Kein Mensch könnte sich so viele Wege merken, wenn er sie nicht regelmäßig nutzt. In solchen Situationen ist es wichtiger, die Anordnung der Stadtteile ungefähr zu kennen, die Logik des öffentlichen Nahverkehrs zu verstehen und sich bei Bedarf weitere Infos etwa über Google Maps zu holen.

Der Blindenstock

Der Blindenstock, oder korrekter ausgedrückt Blinden-langstock, ist ein weißer Stab zum Tasten oder Rollen. Er ist das wichtigste Orientierungs- und Kennzeichnungs-Hilfsmittel für blinde Menschen. Der Blinde tastet mit dem Stock eine Fläche von ungefähr anderthalb Schritten vor sich ab. Der Stock wird auf Schulterweite gependelt, da die Schultern die breiteste Stelle des Körpers sind. Der Stock kann sehr zuverlässig Hindernisse am Boden und in etwa einem Meter Höhe erkennen, dazu gehören Stufen, Blumenkübel, Menschen und was sonst so im Weg steht. Da er in einem bestimmten Winkel gehalten wird, kann er Hindernisse nicht erfassen, die sich oberhalb des Bauchnabels befinden. Blinde sind deshalb vor allem gegen Kopfverletzungen schlecht geschützt. Der Blindenstock ist weiß, damit er von den Sehenden gut erkannt werden kann. Er ist so gestaltet, dass er Licht zum Beispiel von Lampen oder Autoscheinwerfern reflektiert.

Das permanente Geräusch beim Tippen und Rollen geht vielen Leuten auf die Nerven, hat aber einige wichtige Funktionen. Die erste nonverbale Botschaft ist: «Achtung, ich komme». Der Blinde erhält Aufmerksamkeit von Sehenden, die ihm ausweichen oder ihn warnen können. Das Geräusch dient außerdem der indirekten Orientierung, der Schall wird durch die Umgebung reflektiert und gibt so Informationen dazu, wie weit man von einer Wand entfernt ist oder ob der Weg vor einem frei ist.

Oftmals ist in den Medien zu lesen, diese oder jene Entwicklung werde den Blindenstock überflüssig machen. Das trifft für die meisten Blinden nicht zu. Kaum ein Blinder wird freiwillig darauf verzichten, einen weiteren taktilen Kontakt zur Umwelt jenseits von Füßen und Händen zu haben. Geräte gehen kaputt, Akkus können sich entleeren, aber der Blindenstock ist relativ robust. Zudem ist er wie schon erwähnt auch ein Signal an andere Menschen, das sich durch nichts ersetzen lässt.

Der Blindenhund

Der Blindenhund oder Blindenführhund ist ein ausgebildeter Assistenzhund. Es gibt spezielle Schulen, in denen diese Hunde auf ihre Aufgabe vorbereitet werden.

Der Hund wird in ein Geschirr eingespannt, das es dem Blinden ermöglicht, jede seiner Bewegungen über einen Bügel, den er in der Hand hält zu erkennen. Der Hund ist darauf trainiert, Hindernisse für sich und sein Herrchen zu erkennen und ihnen auszuweichen oder anzuhalten, wenn eine Gefahr droht.

Der Blindenhund lernt, Gefahren nicht nur für sich selbst, sondern auch für die Person zu erkennen, die er führt. Er kann Wege lernen, die er regelmäßig zurücklegt und bestimmte Objekte wie Türen oder Treppen finden, wenn ihm das beigebracht wurde. Er ist allerdings kein Navigationssystem, vor allem auf neuen Wegen ist es deshalb erforderlich, dass der Blinde sich selbständig orientieren kann.

Obwohl Hunde lernen, den Befehlen ihres Herrchens zu gehorchen, sollten sie auch in der Lage sein, einen Befehl nicht zu befolgen, wenn Gefahr droht. Man nennt das den intelligenten Ungehorsam. In Gefahrensituationen muss der Hund entscheiden, was am sinnvollsten ist: Weitergehen, Ausweichen oder Stehenbleiben. Das ist zum Beispiel für Taubblinde wichtig, die aufgrund zweier fehlender Sinne erhebliche Schwierigkeiten haben, ihre Umgebung wahrzunehmen.

Die meisten Blindenführhunde sind Labradore oder Golden Retriever. Zudem gibt es Schäferhunde und seltener Border Collies oder Königspudel. Labradore werden bevorzugt, weil sie neugierig, hilfsbereit und sehr offen für neue Erfahrungen sind. Die alltäglichen Anforderungen an einen Blindenführhund sind sehr hoch, deswegen muss er extrem arbeitsam und belastbar sein. Die Führarbeit ist für den Hund anstrengende und stressige Arbeit. Hunde sind Lebewesen und können nicht unbegrenzt führen, ein weiterer Grund, warum es für Blinde wichtig ist, sich prinzipiell auch ohne Hund fortbewegen zu können.

Angehende Blindenhunde werden schon im Welpenalter ausgesucht, wobei die verspieltesten und neugierigsten Hunde ausgewählt werden. Von ihnen ist am ehesten zu erwarten, dass sie die nötigen Aufgaben schnell erlernen und ihre Arbeit mit Freude verrichten. Natürlich wissen wir nicht, was im Kopf von Hunden vorgeht, aber die meisten Blinden werden sagen, dass ihr Hund sich seiner wichtigen Aufgabe bewusst und stolz darauf ist. Aus diesem Stolz und dem Wunsch, seiner Führperson zu gefallen nimmt er die Energie für seine schwierige Aufgabe. Nur wenige Blinde würden ihren Hund als Arbeitstier oder Hilfsmittel bezeichnen. Der Hund mag der beste Freund des Menschen sein oder auch nicht, er ist aber immer der beste Freund des Blinden.

Zugleich ist der Blindenhund der Eisbrecher schlecht hin. Vor allem Labradore freunden sich in Windeseile mit jedem Menschen an und so kommt man ins Gespräch mit Menschen, die durch einen Blindenstock vollkommen gehemmt wären.

Das heißt allerdings nicht, dass Blindenhunde – und im Übrigen auch keine anderen Hunde – nach Belieben von Fremden angefasst, angelockt oder gar gefüttert werden sollten. Ein Hund sollte niemals bei der Führarbeit gestört werden und generell sollten Hunde nur dann kontaktiert werden, wenn sie von selbst auf dich zukommen oder der Besitzer um Erlaubnis gebeten wurde.

Blindenhunde dürfen grundsätzlich auch dorthin, wo Haustiere verboten sind, zum Beispiel in den Supermarkt oder in Arztpraxen. Umstritten ist, ob sie auch in private Bereiche dürfen. Ein Mensch, der Angst vor Hunden hat oder allergisch auf Hundehaare ist, darf schließlich nicht gezwungen werden, trotzdem einen Hund zu dulden. Es stimmt allerdings nicht, dass Blinde sich ohne ihre Hunde nicht orientieren könnten. In Deutschland muss ein Blinder ein Mobilitätstraining absolviert haben, um einen Blindenhund von der Krankenkasse bezahlt zu bekommen. Der Blinde muss den Weg kennen oder dem Hund seine Befehle geben, der Hund kann sich nur Strecken merken, die er häufig abgelaufen ist.

Die Klicksonar-Technik

Eine alternative Orientierungshilfe ist die Klicksonar-Technik. Diese Methode wird auch als Echoortung oder Echolokation bezeichnet. Bei dieser Orientierungstechnik produziert der Blinde ein Schnalzen mit der Zunge und erhält ein dreidimensionales Abbild des vor ihm liegenden Raumes. Das Geräusch wird von den umgebenden Gegenständen reflektiert und das Gehirn verarbeitet diese Reflektionen. Das Auge funktioniert im Grunde nicht anders, wenn wir nicht gerade in die Sonne oder eine andere Lichtquelle schauen, ist alles, was wir sehen die Reflektion von Licht, nicht mehr und nicht weniger. Auch Delfine und Fledermäuse orientieren sich über Schall.

Einige Blinde können sich mit der Klicksonar-Technik sogar ohne Blindenstock bewegen. Im Gegensatz zum Blindenstock kann die Klicksonar-Technik den gesamten Raum erfassen, der vor ihm liegt und nicht nur den Bereich unterhalb der Gürtellinie.

Die Klicksonar-Technik ist in Deutschland wenig verbreitet. Der Umgang mit Blindenstock und Klicksonar-Technik kann im reifen Alter noch erlernt werden, aber je früher man damit anfängt, desto besser kann man sie in den Alltag integrieren. Allerdings setzen alle Blinden ihr Gehör bewusst oder unbewusst für die Orientierung ein.

Neue Hilfsmittel

In den letzten Jahren etablieren sich viele neue Orientierungshilfen, die den Blindenstock ergänzen oder sogar überflüssig machen sollen. Die rasante Entwicklung bei Smartphones und anderen tragbaren Geräten macht heute Dinge möglich, die vor wenigen Jahren kaum denkbar waren. Einer der spannendsten Trends sind dabei die sogenannten Sinnesersatzgeräte. Aber sprechen wir zunächst über Smartphones.

Aktuelle Smartphones haben oft Hilfstechnik eingebaut. Blinde können deshalb oft die gleichen Apps wie Sehende nutzen. Spezielle Apps können viele Hilfsmittel ersetzen, die sonst teuer angeschafft werden müssten. Es gibt Apps zur Navigation, die es Blinden erleichtern, sich besser in bekannten oder unbekannten Umgebungen zu orientieren. Blinde wissen zum Beispiel oft nicht, in welcher Straße sie sich befinden. Das Smartphone kann ihnen diese Frage beantworten und sie ungefähr dort hinführen, wo sie hinwollen. Da heutige Navigationssysteme noch nicht so genau sind, braucht man für die letzten Meter trotzdem Hilfe, aber es ist doch eine ungeheure Erleichterung, wenn man nicht vollständig auf die Hilfe Anderer angewiesen ist. Im Kapitel «Blinde und Computer» erkläre ich genauer, wie Blinde Smartphones nutzen.

Im Bereich der digitalen Navigations- und Orientierungshilfen passiert sehr viel, sodass wir gespannt darauf sein dürfen, was in den nächsten Jahren an neuen Entwicklungen kommen wird. So gibt es mit der OrCam ein Gerät, das als intelligente Brille dabei helfen soll, sich zu orientieren oder sich Landschaften beschreiben zu lassen. Es gibt außerdem sogenannte Wearables. Das sind Geräte, die am Körper oder an der Kleidung getragen werden und zum Beispiel dazu dienen, Hindernisse zu erkennen. Diese Geräte basieren auf Ultraschall oder Infrarot und vermitteln Informationen entweder als Vibration oder über Kopfhörer. Ihr Vorteil gegenüber dem Blindenstock besteht darin, dass sie eine größere Fläche erfassen können. Der Blinde erfährt durch den Stock erst ein bis zwei Schritte vorher, ob es ein Hindernis gibt, die genannten Mobilitätshilfen können Hindernisse schon wesentlich früher erkennen. Zudem erfassen sie auch die obere Körperhälfte, was der Stock wie erwähnt nicht kann. Da Computer, Sensoren und andere Bauteile immer billiger, leistungsfähiger und kleiner werden, stehen wir erst am Anfang solcher Entwicklungen.

Für Blinde ist der gesamte Körper ein Resonanzraum. Mit der Haut erspüren sie die Wärme, die Sonne, den Wind. Mit den Ohren hören sie nicht nur die Geräusche der Umgebung, sondern auch die Geräusche, die sie selbst produzieren und den Rückschall. Mit der Nase riechen sie an den Waren im Supermarkt oder erkennen, dass sie vor der Bäckerei stehen. Mit den Füßen erspüren sie die Beschaffenheit des Bodens, mit den Händen ertasten sie Geländer, Absperrungen, Pfosten und so weiter. Deswegen werden auch alle elektronischen Hilfen bis auf Weiteres nur Krücken sein, sie können dem Menschen helfen, aber sind kein Ersatz für seine Sinne.

Kapitel 5
Blinde und Computer

Für viele Blinde ist der Computer aus dem Alltag gar nicht mehr wegzudenken. Ich bin kein Digital Native, aber ohne Computer hätte ich weder mein Studium geschafft noch könnte ich meiner jetzigen Arbeit nachgehen oder dieses Buch schreiben. Es stimmt, schon früher haben Blinde Bücher geschrieben oder wissenschaftlich gearbeitet. Diese Arbeit ist aber ohne Computer und andere digitale Hilfsmittel wesentlich schwerer. Ein Blinder kann Text auf einer Schreibmaschine schreiben, er kann aber diesen Text nicht selbst auf Tippfehler überprüfen. Die Menge an Inhalten, die ein Studierender heute bearbeiten muss, ist für einen Blinden ohne technische Hilfsmittel kaum zu bewältigen.

Dieses Kapitel ist ein wenig technisch geraten, aber ich hoffe, dass es trotzdem verständlich ist.

Der Computer

Tun wir einmal so, als ob du noch nie einen Computer gesehen hättest. Du stehst vor einem Kasten aus Metall und Kunststoff mit einem Display. Ein Haufen Kabel ragt aus dem Gerät. Du schaltest das Ding ein und es tauchen zahlreiche bunte Symbole und Texte auf. Du kannst zunächst gar nichts damit anfangen. Dann drückt dir jemand eine Maus in die Hand. Du fängst an, dich durchzuklicken, Du lernst, wie man Programme startet, was sie tun und wie du mit ihnen arbeitest.

Blinden ergeht es nicht wesentlich anders. Allerdings sehen sie die Symbole nicht, sie sehen den Mauscursor nicht und sie wissen nicht, wo sie anfangen sollen. Es geht also darum, eine Oberfläche, die für Sehende geschaffen wurde in etwas zu übersetzen, dass für Blinde verständlich ist.

Blinde am Bildschirm

Blinde benutzen Hilfsmittel, um ihre Computer bedienen zu können. Die Schnittstelle zum Computer ist der Screenreader, gelegentlich als Bildschirm-Leseprogramm übersetzt. Der Screenreader liest den Bildschirminhalt aus und gibt die Informationen als Sprache oder als Brailleschrift auf einem speziellen Braille-Display aus. Screenreader und Sprachausgabe werden oft synonym benutzt, es handelt sich aber um Programme mit unterschiedlichen Aufgaben.

Der Screenreader bildet die Schnittstelle zwischen der meistens grafischen Bedienoberfläche des Betriebssystems und dem Ausgabemedium, entweder Sprache oder Braille. Theoretisch wäre auch ein anderes Ausgabemedium denkbar, so werden viele Informationen auch als akustisches Signal oder bei Smartphones als Vibration ausgegeben. Die Sprachausgabe ist, unabhängig davon, ein Ausgabemedium, bei dem Phoneme nach bestimmten Regeln zusammengesetzt und als Sprache ausgegeben werden. Phoneme sind die Laute, aus denen sich die Sprache zusammensetzt.

Der Screenreader ist abhängig davon, welche Informationen ihm das Betriebssystem liefert. Wichtig ist weniger das Aussehen eines Elements als seine Funktion. Schere oder Papierkorb mögen als Grafik für sich selbst sprechen, dennoch ist Ausschneiden und Löschen leichter zu verstehen. Entscheidend für die Ausgabe von Informationen an die Hilfssoftware ist die sogenannte Barrierefreiheits-Schnittstelle.

Betriebssysteme sind «von Natur aus» nicht barrierefrei. Die Informationen müssen so im System hinterlegt werden, dass die Hilfssoftware sie auslesen kann. Der Standard, nach dem diese Informationen angelegt werden ist die Barrierefreiheits-Schnittstelle. Mittlerweile verfügen alle gängigen Betriebssysteme über solche Schnittstellen. Es gibt noch mehr oder weniger große Schwächen in den Systemen, dennoch gelten sie prinzipiell als für behinderte Menschen bedienbar.

Allerdings müssen die Informationen nicht nur im Betriebssystem hinterlegt werden, sondern auch bei den einzelnen Programmen. Für den Blinden kann jedes neu installierte Programm Überraschungen, was die Barrierefreiheit angeht, bereithalten. Alle großen Hersteller von Betriebssystemen stellen Anleitungen bereit, wie Programme barrierefrei gestaltet werden können.

Gut, aber was heißt das konkret? Stell dir vor, Du schreibst ein Dokument in Word. Du musst:

- Den Text lesen,
- selbst Text schreiben oder ändern und
- Menüs aufrufen und anwenden können.

Das klingt selbstverständlich und für dich ist es das auch. Für den Blinden ist es das durchaus nicht. Wenn die Informationen für die Barrierefreiheits-Schnittstelle fehlen, weiß der Screenreader nicht, was er mit dem Programm anfangen soll. Der Blinde weiß nicht, ob er Text lesen, einen Befehl eingeben oder Informationen abrufen kann.

Kehren wir also zu Word zurück: Der Screenreader erhält bei einem frisch geöffneten Dokument die Information, dass er sich in einem mehrzeiligen Textfeld befindet. Er kann jetzt

Text schreiben, ändern oder lesen. Er will jetzt die Schriftart eines Textabschnitts ändern. Er markiert den zu ändernden Text und drückt die Alt-Taste, um ein Menü aufzurufen. Blinde verwenden nur die Tastatur zur Steuerung des Computers. Der Screenreader erhält jetzt die Information, dass der Fokus sich in einem Menü befindet. Der Blinde bewegt sich mit den Pfeil-Tasten durch das Menü, wobei ihm der Screenreader sagt, welches Element gerade fokussiert ist und ob es aufgerufen werden kann. Irgendwann landet der Nutzer auf dem Menü für Schriftformatierung und ruft es auf. Dort findet er mehrere sogenannte Auswahlfelder. Er tabbt sich in das Feld für Schriftarten und wählt dort mit den Pfeiltasten die gewünschte Schrift. Jetzt tabbt er weiter, bis er zu einem Button namens «OK» kommt. Dieser Button wird ihm als Schalter mit der Beschriftung «OK» angesagt. Der Blinde drückt Return und schon ist die Formatierung erledigt.

Ich habe diesen Prozess hier so ausführlich beschrieben, um dir ein anschauliches Beispiel zu geben. In Wirklichkeit verfügen Word und ähnliche Programme über sogenannte Tastenkürzel oder Shortcuts, die dem geübten Nutzer eine sehr viel flottere Arbeitsweise erlauben. Ein versierter blinder Nutzer kann schneller sein als ein Mausnutzer.

Es sollte deutlich geworden sein, dass der Screenreader nicht nur den Text vorliest, der auf dem Bildschirm zu sehen ist. Tatsächlich gibt er neben dem Bildschirm-Text auch die Art des Elements und seinen «Zustand» oder seine Optionen aus. Der Blinde weiß aus Erfahrung, was er mit dem Element machen kann. Eine Checkbox zum Beispiel kann aktiviert sein, sie kann nicht aktiviert sein oder sie kann teilweise aktiviert sein. Mit dieser Information weiß der Nutzer, dass er die Box entweder ändern oder unverändert lassen kann.

Jedes Element auf dem Bildschirm hat eine Aufgabe. Manche dienen nur der dekorativen Zwecken, viele dienen der

Information und viele dienen dazu, etwas zu verändern. Diese Aufgabe erschließt sich dem Sehenden über die visuelle Gestaltung oder die Erfahrung. Du hast im Laufe deines Computer-Lebens gelernt, dass diese Leisten am Rand des Programms dazu dienen, einen Programmausschnitt zu bewegen. Für Blinde ist das, was du als Leiste siehst zunächst nicht sichtbar, für sie muss dieses Element übersetzt werden. Also wird aus dem Schiebe-Dings eine Bildlaufleiste. So wie du aus Erfahrung weißt, dass du mit dieser Leiste den Programmausschnitt bewegen kannst, weiß der Blinde dasselbe, wenn er Bildlaufleiste hört.

Ein Programm ist eine Anordnung von dekorativen, informativen und änderbaren Elementen. Die Menüs werden über die Tastatur aufgerufen und aktiviert oder deaktiviert. Der Screenreader kann Informationen auslesen und beschreiben, zum Beispiel die Formatierung eines Textes oder einer Tabellenzelle.

Blinde wissen im Allgemeinen nicht, wie ein Programm grafisch aufgebaut ist. Obwohl sie die komplexen Menüs von Word und Co oft fast auswendig kennen, haben sie keine Ahnung, wie das Programm für Sehende aussieht. Ob das wichtig für sie ist, darüber lässt sich streiten. Es führt allerdings oft dazu, dass die Einarbeitung für Blinde sehr viel schwieriger ist als für Sehende. Für Sehende gibt es zahlreiche Hilfen, wie z. B. selbsterklärende Icons, die logisch in Leisten angeordnet sind. Für Blinde gibt es oft nur Menüs und Shortcuts.

Der Blinde arbeitet viel mit Tastenkürzeln. So ist es ihm möglich, fast so schnell wie ein Sehender zu arbeiten. Oft ist er sogar schneller: Während ein Sehender mit der Maus Text markieren und auf die Schaltfläche für «Fett» tippen muss, markiert der Blinde den Text kurzerhand mit der Shifttaste, drückt sein Tastenkürzel und schwupp ist er fertig. Ich muss immer lachen, wenn ich höre, wie sich Sehende mit der Maus von Eingabefeld zu Eingabefeld bewegen. Blinde machen das sehr viel eleganter, sie müssen die Hände gar nicht von der Tastatur nehmen, um zum Beispiel ein Web-Formular auszufüllen.

In den nächsten Abschnitten wollen wir uns die Ausgabe-Formate genauer anschauen.

Die Sprachausgabe

Die Sprachausgabe gibt, wie schon erwähnt, Informationen als Sprache aus. Die Informationen erhält sie dabei von dem Screenreader. Der Screenreader kann zahlreiche Informationen über die Benutzeroberfläche ausgeben. Er erklärt nicht nur, welche Elemente es gibt und welchen Status diese haben. Ein frisch installierter Screenreader teilt auch mit, was man mit den Elementen machen kann. Das soll Anfängern helfen, sich schneller zurechtzufinden. Stell dir vor, du liest einen Text laut vor. Kaum jemand würde auf die Idee kommen, Kommata, Bindestriche und Anführungszeichen mitzulesen. Der Screenreader von Blinden tut dies aber in der Standardeinstellung. Das kann auch durchaus sinnvoll sein, Programmierer, Mathematiker oder Lektoren müssen jedes Zeichen angesagt bekommen. Gott sei Dank kann man aber die Ausgabe sehr fein konfigurieren, es kann sehr nervig sein, wenn alle Satzzeichen vorgelesen werden.

Die Sprachausgabe wird von vielen Blinden als Ausgabemedium gegenüber Braille bevorzugt, da sie eine wesentlich höhere Lesegeschwindigkeit erlaubt. Viele Blinde stellen die Sprache 50 bis 100 Prozent schneller ein und bekommen Kopfschmerzen, wenn das Programm in normaler Sprechgeschwindigkeit vorliest.

Bei der Sprachausgabe werden Phoneme, also Wortbestandteile in hoher Geschwindigkeit zusammengefügt. Heutige Sprachausgaben beachten die Feinheiten der Sprachmelodie, so ziehen sie die Stimme bei einem Komma hoch und gehen bei einem Punkt runter.

Es gibt im Wesentlichen zwei Formen von Sprachausgaben: Früher waren synthetische Stimmen die erste Wahl. Die Phoneme wurden synthetisch erzeugt, wodurch die Programme relativ kompakt waren und eine hohe Geschwindigkeit des Screenreaders sicherstellten. Es ist nicht so lange her, dass Computer nicht sehr leistungsfähig waren, erst seit wenigen Jahren sind bessere Sprachqualitäten überhaupt möglich. Die Sprachausgaben Blinder klingen deshalb alles andere als natürlich.

Innovationstreiber bei der Weiterentwicklung der Sprachausgaben sind übrigens nicht die Blinden, die sich an die künstlichen Stimmen schon gewöhnt haben. Vielmehr erhöht die Nachfrage der Hersteller von Smartphones und telefonischen Dialogsystemen den Forschungsbedarf. Die automatischen telefonischen Services mögen unbeliebt sein, wenn hier aber die robotisch klingenden Sprachausgaben von Blinden zum Einsatz kämen, würde sie niemand mehr nutzen. Heute gehören die Sprachassistenten zum Alltag vieler sehender Smartphone-Nutzer.

Braille am Computer

Braille ist, neben der Sprachausgabe, das zweite wichtige Ausgabemedium. Die Blindenschrift wird auf Braille Displays – zu Deutsch Braillezeilen – ausgegeben. Der deutsche Name passt hier besser; es handelt sich um Geräte, die Informationen auf einer Zeile ausgeben, wobei die Blindenschrift mit beweglichen Stiften dargestellt wird, die bei Bedarf blitzschnell aus dem Gerät ein- oder ausgefahren werden. Mehr Infos zur Brailleschrift gibt es im Kapitel «Blinde und Medien». Heute gibt es sehr unterschiedliche Braillezeilen: Kleine Braillezeilen für das Smartphone können 8 bis zwölf Zeichen darstellen, große Zeilen zeigen bis zu 80 Zeichen. Das klingt nach viel, ist es aber nicht. Braille benötigt mehr Platz als der gleiche Text in Schwarzschrift, zudem gibt der Screenreader wesentlich mehr Informationen aus, als auf dem Bildschirm zu sehen ist. Eine Textzeile in Word kann schon mehr als 100 Zeichen umfassen.

Schon eine kleine Braillezeile mit zehn darstellbaren Zeichen kostet ca. 1000 Euro, die große Braillezeile mit 80 darstellbaren Zeichen schlägt mit 10.000 Euro zu Buche. Die Zukunft von Braille wird deshalb entscheidend davon abhängen, ob es gelingt, diese Geräte wesentlich preiswerter zu machen.

Haptisches und akustisches Feedback

Seit der Entwicklung von Smartphones spielt auch das haptische und akustische Feedback eine größere Rolle. Seit 2008 verkauft Apple seine Geräte mit einem eingebauten Screenreader. Auch Android hat mit der Version 4.0 nachgezogen und bietet ähnliche Funktionen.

Man benötigt ein Feedback, um zu erfahren, ob eine Interaktion erfolgreich war. Bei Smartphones kommt noch hinzu, dass man sich nicht immer sicher sein kann, ob man das richtige Symbol angetippt hat oder ob der Befehl korrekt verarbeitet wurde.

Deshalb gibt es für Blinde Feedback in Form von Tönen oder Vibrationen. So wird die Wischgeste oder das Aktivieren eines Elements mit einem passenden Ton begleitet, auch für Befehle, die vom Gerät nicht angenommen oder verstanden wurden, gibt es einen Fehlerton. Bei einem durchdachten Sounddesign sind diese Töne ebenso aussagekräftig wie ein grafisches Feedback. Auch bei Desktop-Computern spielt das akustische Feedback für Blinde eine wichtige Rolle. So gibt es ein Klacken beim Wechseln zwischen Ordnern oder einen Warnton, wenn man etwas eintippen möchte, aber eigentlich kein Eingabefeld vorhanden ist.

Vibrationen sind nicht so vielfältig wie Sound, aber auch sie können nützlich sein. So gibt es zum Beispiel bei Android eine Vibration, wenn man ein Symbol antippt. Das kann für schwerhörige Blinde oder in lauten Umgebungen nützlich sein.

Smartphones und Tablets

Aber wie können Blinde überhaupt Touch-Oberflächen nutzen? Das ist gar nicht so schwierig; tatsächlich bieten Touchscreens Blinden die Möglichkeit, den optischen Aufbau von Webseiten zu erfassen, was sie mit einem klassischen Computer nicht schaffen. Für Blinde ist eine Website eine lineare Anordnung von Elementen. Es gibt nur davor und dahinter bzw. habe ich gehört oder habe ich noch nicht gehört. Wobei sie natürlich nicht wissen, was sie noch nicht gehört haben.

Bei einem Touchscreen streicht der Blinde mit einem Finger über die Oberfläche. Wenn er über ein Element wie einen Button streicht, wird ihm das angesagt. Man nennt das «Explore by Touch». Findet er ein anklickbares oder aktivierbares Element, wie einen Link, wechselt er von einem Erkundungsmodus in einen Befehlsmodus. Er hört zunächst, dass er das richtige Symbol gefunden hat. Wenn er das anklickbare Element doppelt antippt, wird es aktiviert. Im Prinzip kann der Blinde ganz ähnliche Touch-Gesten wie Sehende verwenden. Der Sehende streicht mit zwei Fingern über eine Webseite, um zu scrollen, der Blinde verwendet drei Finger. Der Screenreader auf dem Smartphone wird wie andere Programme auch per Touch-Gesten bedient.

Das klingt komplizierter als es ist. Hat man sich einmal daran gewöhnt, geht das wie im Fluge. Nur einen längeren Text zu schreiben ist auf dem Touchscreen nicht besonders angenehm, aber das geht vielen Sehenden ja nicht anders.

Blinde im World Wide Web

Das Internet gehört zu den wichtigsten Bereichen der Computernutzung und ist über Screenreader generell gut nutzbar. Der Screenreader orientiert sich nicht am optischen Erscheinungsbild, sondern an der Struktur einer Website. Elemente, die dem sehenden Nutzer parallel erscheinen, sind für den Nutzer von Screenreadern linear angeordnet.

Während der Sehende mit einem Blick wichtige Elemente wie die Navigation und Text von Schmuckelementen wie Bannern oder Werbung unterscheiden kann, gilt es für den Blinden, zunächst alle Elemente einmal zu erfassen, um sich auf der Website zurechtfinden zu können. Der Inhalt von Bildern, Grafiken und Animationen bleibt für Blinde unsichtbar.

Wie auch Sehende haben Blinde ihre bevorzugten Websites, die sie in- und auswendig kennen und daher ohne Weiteres gut steuern können. Problematisch sind Websites, die selten aufgesucht werden oder viel grafischen oder interaktiven Inhalt haben.

Für den Sehenden erscheint die Website als ein Neben- und Übereinander von Informationssegmenten, das Banner steht über dem Inhalt, der Inhalt steht neben der Navigation und so weiter. Für den Blinden gibt es hingegen nur Linearität, das heißt, ein Element befindet sich vor oder hinter einem anderen Element. Das gilt im Übrigen auch für kleine Touchscreens wie beim iPhone. Der Blinde tippt irgendwo auf den Screen und erfasst ein bestimmtes Element, zum Beispiel einen Link. Er wischt dann nach rechts und erfasst das nächste Element, das könnte zum Beispiel ein Textabsatz sein.

Auf gut strukturierten Webseiten kann der Blinde mit bestimmten Befehlen gezielt einzelne Bereiche wie den Inhalt oder ein Formular anspringen. Für einen geübten Blinden sind deshalb auch komplexe Web-Anwendungen wie zum Beispiel YouTube keine große Herausforderung mehr. Leider sind aber viele Webseiten und Anwendungen schlecht programmiert und für Blinde nur schwer nutzbar.

Gelegentlich werde ich gefragt, ob man spezielle Websites oder Apps für Blinde oder andere behinderte Menschen entwickeln sollte. Das klingt zunächst sinnvoll. Der Schwerpunkt der heutigen Entwicklung von Benutzeroberflächen liegt auf der visuellen Ebene. Barrierefreiheit oder Feedback über Sound werden oft vernachlässigt. Blinde haben deshalb oft Schwierigkeiten dabei, solche Systeme zu verwenden.

Allerdings bringen spezielle Lösungen für bestimmte Gruppen immer auch Nachteile mit sich. Sie verführen dazu, die Barrierefreiheit der Mainstream-Versionen zu vernachlässigen. Spezielle Lösungen sind teurer. Sie werden langsamer weiterentwickelt oder ganz eingestellt, wenn der Entwickler pleitegeht oder von einem Mitbewerber übernommen wird.

Es geht aber auch schlicht darum, dass auch behinderte Menschen die Möglichkeit haben müssen, sich mit Nicht-Behinderten austauschen zu können und das ist erheblich erschwert, wenn sie unterschiedliche Systeme verwenden. Der Charme des iPhones liegt nicht zuletzt darin, dass man problemlos mit einem Sehenden über Apps diskutieren kann. Wenn ich ein Problem mit meinem Gerät habe, kann ich einfach einen Sehenden darauf schauen lassen, bei einem speziellen Gerät müsste ich einen Experten fragen, der natürlich Geld dafür möchte.

Kapitel 6
Blinde und Sehende

Nachdem ich viele Seiten zum Thema Blinde gefüllt habe, möchte ich doch noch ein wenig darüber erzählen, wie das Verhältnis von Blinden zu Sehenden ist.

Ich frage mich oft, ob Sehende und Blinde in zwei verschiedenen Welten leben. Hier die Welt aus Farben, Formen, aus visueller Schönheit und Hässlichkeit. Dort eine Welt aus Luft und Hindernissen, aus Wohlgerüchen und Gestank, aus Vogelgesang und dem Lärm von Baumaschinen.

Die Welt der Sehenden besteht oft aus seltsamen Metaphern. Da heißt es, «Das Auge isst mit» oder «Seine Augen strahlten». Viele dieser Metaphern dürften für Blinde rätselhaft bleiben. In einigen Fällen erfahren wir, dass Sehende nicht mit den Augen essen. Andere Rätsel bleiben für immer ungeklärt.

Blinde und Kommunikation

Die Kommunikation zwischen zwei Menschen ist sehr komplex. Neben dem, was verbal ausgetauscht wird, gibt es noch die nonverbale Ebene: Wie sind die Körper zueinander positioniert, schaut der Eine auf den Anderen herab, wie ist die Körpersprache? Über die nonverbale Ebene können wir sehr viel aus einem Gespräch ablesen, ohne es zu hören oder zu wissen, worum es geht. Probiere es einfach mal aus, schalte zum Beispiel bei einer Polit-Talkshow den Ton ab. Die nonverbale Ebene dürfte nicht nur bei dieser Gelegenheit erleuchtender sein als die eigentliche Diskussion.

Leider steht Blinden die nonverbale Ebene größtenteils nicht zur Verfügung. Es gibt allerdings in der direkten Kommunikation ein gewisses Maß an nicht-visuellem Feedback. Menschen, die sich langweilen werden unruhig: Sie scharren mit den Füßen, kramen in den Taschen, spielen mit ihren Handys und so weiter.

Ich vermute, dass Blinde ein stärkeres Gespür für Nuancen haben. So bemerken sie winzige Veränderungen in der Stimme oder in der Körperhaltung. Die Stimme eines Menschen verrät Vieles: Ist er gestresst, genervt, müde, defensiv … Am Rascheln der Kleidung, dem Knarren des Stuhls oder dem Scharren der Füße lässt sich erkennen, ob sich eine Person vorbeugt oder zurücklehnt, ob sie eher unruhig oder entspannt ist. Das Fehlen des Visuellen bewirkt, dass man durch Äußerlichkeiten wie Kleidung, Frisur oder Make-up nicht abgelenkt wird.

Mimik und Gestik spielen in der menschlichen Interaktion eine wichtige Rolle. In einem flüchtigen Blickkontakt kann vieles liegen: die Einladung zu einem Gespräch, der Beginn eines Flirts oder auch eine Zurückweisung. Mit einem Blickkontakt wird vieles kommuniziert, was in einem echten Gespräch zwischen Fremden nie zur Sprache kommen würde.

Viele Blinde verwirren ihre Gesprächspartner, weil sie keinen Blickkontakt herstellen. Der Blinde schaut häufig auf den Boden, den Tisch oder ein anderes wenig interessantes Objekt. Für den Blinden ist das vollkommen sinnvoll, denn er kann keinerlei Informationen aus dem Körper oder dem Gesicht des Sehenden ablesen. Der Sehende hingegen verkennt das als Abneigung, Langeweile oder Desinteresse an ihm oder dem Gesprächsthema.

Fast alle Menschen, die erst im reiferen Alter erblindet sind, stellen automatisch Blickkontakt her. Genauer gesagt schauen sie ihrem Gesprächspartner ins Gesicht, wobei sie sich an der

Stimme orientieren können. Es ist schwierig, Blinden nachträglich das Aufbauen des Blickkontakts oder mimische Reaktionen auf verbale und nonverbale Kommunikation beizubringen. Viele Frustrationen und Missverständnisse zwischen Sehenden und Blinden ließen sich vermeiden, wenn man auf das Ritual des Blickkontakts verzichten und sich direkt ansprechen würde.

Mimik und Gestik sind sehr komplexe Ausdruckssysteme. Die starken Gesichtsausdrücke sind genetisch verankert. Lachen zum Beispiel ist ein physischer Vorgang, der sich sowohl im Körper als auch im Gesicht ausdrückt, ebenso wie Weinen. Während starke Gefühle wie Freude oder Ärger kaum übersehbar ins Gesicht geschrieben stehen sieht es bei den komplexeren Gefühlen eher schlecht aus. Das laszive Lächeln, der strafende Blick und so weiter sind größtenteils von den Bezugspersonen erlernt.

Bei der Gestik fällt dies noch wesentlich deutlicher auf. Unsere Gesten sind stark kulturspezifisch. So kann eine Geste in einem Land etwas Positives bedeuten und im Nächsten eine Beleidigung sein. Die Mimik ist hingegen überall auf der Welt ähnlich. Die Gestik wird vom Kind von seiner Umgebung durch Beobachten und Nachahmen gelernt.

Bei den meisten Blinden ist die Körpersprache eher schwach ausgeprägt. Das Reden mit den Händen macht für sie keinen Sinn. Es ist auch schwierig, einem Blinden Gesten beizubringen, weil das häufig gekünstelt und unnatürlich wirkt.

Meine Theorie ist, dass Menschen, die später erblinden allmählich die komplexe Mimik und Gestik verlernen können. Das liegt daran, dass wir in kommunikativen Situationen das Verhalten des Gesprächspartners «spiegeln». Wir orientieren uns an dem Verhalten des Anderen, ahmen seine Gesten nach oder bieten eine Art Echo darauf. Wenn man Videoaufnahmen eines Gesprächs ohne Ton ansieht, erkennt man deutlich, dass sich die Körper der Gesprächspartner ständig und unmerklich aneinander anpassen. Blinde können das natürlich nicht, weshalb sie oft als kalt empfunden werden. Spät-Erblindete haben zwar die passenden Reaktionen erlernt, aber da sie nicht mehr den visuellen «Spiegel» im Anderen haben, reduzieren sie ihre Ausdrücke automatisch auf das, was sie instinktiv tun. Für Blinde sind Menschen mit monotonen Stimmen die schwierigsten Gesprächspartner, weil sie deren Gemütslage nicht aus der Stimme ablesen können.

Tarnen und täuschen

Alle Behinderten entwickeln nach und nach Strategien im Umgang mit Nicht-Behinderten. Der amerikanische Soziologe Erving Goffman hat das in seinem Buch «Stigma» eindrücklich untersucht. So ließ ein gehbehinderter Mann immer die Türe seines Büros offen, wenn er Besuch erwartete. Die Leute konnten von Weitem seinen Rollstuhl sehen und hatten Zeit, sich auf den «Schock» vorzubereiten. Es war zwar eine andere Zeit und heutzutage gehen Viele lockerer mit der Behinderung um. Andererseits habe ich durchaus schon von Bewerbern gehört, die zu Vorstellungsgesprächen eingeladen und wieder ausgeladen wurden, als der potenzielle Arbeitgeber von ihrer Blindheit erfuhr.

Paul Watzlawicks berühmtester Ausspruch war: Man kann nicht nicht kommunizieren. Je nachdem, wie man mit seiner Behinderung umgeht, kommuniziert man sie auch. Vor allem frisch Erblindete oder sich im Prozess der Erblindung befindliche Menschen entwickeln verschiedene Strategien der Tarnung.

Analphabeten verwenden ähnliche Strategien: Wenn sie die

Speisekarte lesen sollen, haben sie die Brille vergessen. Wenn sie den Stuhl umrennen, ist ihnen schwindlig wegen einer Grippe. Das Einfachste ist aber, Situationen zu vermeiden, in denen sie sehen können müssen. Dann gehen sie eben nicht mit den Kollegen ins Restaurant oder in den Park. Im Magazin der Süddeutschen Zeitung wurde vor einigen Jahren über eine junge Frau berichtet, die fast blind war und versuchte, das vor ihren Kollegen zu verbergen.

Das Motiv ist nachvollziehbar: Blindheit wird in der Gesellschaft vielfach als Schwäche und Hilflosigkeit wahrgenommen. In älteren Schwerbehindertenausweisen wird Blinden amtlich bescheinigt, dass sie «hilflos» und auf «ständige Begleitung angewiesen» sind. Ein erwachsener Blinder kann, wenn er kein Einkommen hat bis zu seinem Lebensende Kindergeld erhalten. Blinde werden oft wie kleine Kinder behandelt, geduzt oder ungefragt angefasst. Der Blindenstock wird so zum Symbol der Hilfsbedürftigkeit anstatt zum Symbol der Freiheit. Die Arbeitslosigkeit unter Blinden ist sehr hoch, egal, ob sie eine Ausbildung oder ein Studium haben, ein Grund dafür dürften weitverbreitete Vorurteile über blinde Menschen sein.

Ich weiß das so genau, weil ich früher genau so war. Die mitleidigen Blicke meiner Mitbürger – die ich mir zweifelsohne eingebildet habe, denn ich kann sie ja gar nicht sehen – haben mich dazu veranlasst, ohne Blindenstock durch die Gegend zu rennen. Mittlerweile bin ich ein wenig klüger und habe auch genügend Selbstbewusstsein, um meinen Stock überall vorzuzeigen. Es ist nicht der Blindenstock, der den Eindruck von Schwäche oder Stärke erweckt, es ist das persönliche Auftreten, welches den größten Einfluss hat.

Blinde und das Visuelle

Blinde haben durchaus einen Sinn für visuelle Ästhetik. Viele blinde Frauen schminken sich oder legen Wert auf eine sorgfältige farblich passende Zusammenstellung ihrer Kleidung, auch wenn sie sich nie in einem Spiegel gesehen haben.

Zumindest das mit der Kleidung ist einfacher als viele Sehende glauben mögen. Ich weiß bei jedem Kleidungsstück, welches ich regelmäßig trage die Farbe und den Schnitt auswendig. Die meisten Blinden dürften einmal im Leben Hilfe von sehender Seite erhalten haben, um zu erfahren, welche Kleidung zu ihnen passt. Blinde Frauen tauschen sich untereinander und mit sehenden Frauen über Make-up aus. Und da Frauen ohnehin gemeinsam shoppen gehen, gibt es auch regelmäßiges Feedback. Und natürlich ist die Lektüre von Frauen-Magazinen nicht nur Sehenden vorbehalten. Die blinde Moderatorin Jennifer Sonntag ist in ihrem Buch «Einladung zu einem Blind Date» genauer auf das Thema Mode und Make-up eingegangen, als ich das könnte.

Partnerschaft und Sexualität

Partnerschaft und Sexualität sind für Blinde ebenso wichtig wie für Sehende. In diesem Abschnitt möchte ich mich vor allem mit Beziehungen zwischen Blinden und Sehenden beschäftigen. Die Beziehung zwischen blinden Partnern verläuft nicht anders als bei Sehenden, deshalb muss ich sie nicht gesondert betrachten.

Für die meisten Blinden sind visuelle Äußerlichkeiten nicht so entscheidend. Wichtig sind die Stimme und der Geruch. Die Stimme verrät uns sehr viel über eine Person. Sie verrät, wie alt ein Mensch ungefähr ist, ob er eher entspannt oder hektisch oder abweisend ist. Über den Geruch muss man nicht so viele Worte verlieren. Die Olfaktorik spielt in der Sexualität eine große, oft unterschätzte Rolle. Die meisten Menschen sind eher damit beschäftigt, den eigenen Körpergeruch zu überdecken. Aber der Ausdruck «jemanden nicht riechen können» kommt nicht von ungefähr und hat selten mit mangelnder Hygiene zu tun. Vielmehr scheint der Geruch eine wichtige Rolle für die Partnerwahl zu spielen. Entscheidend ist nicht die Intensität des Körpergeruchs. In einigen Kulturkreisen zieht man dezente Gerüche vor, in anderen sind intensive Gerüche ein Zeichen von Vitalität und Erotik. Vielmehr ist wichtig, dass der eigene Körpergeruch und künstliche Duftstoffe zusammenpassen. Wer im Aftershave oder Parfüm gebadet hat, erweckt oft mehr Abneigung als jemand, der zwei Tage nicht geduscht hat.

Wenn Stimme, Geruch oder ein anderer Faktor zu einem Kennenlernen geführt haben spielen natürlich andere Dinge eine größere Rolle. Man tastet sich gegenseitig auf Gemeinsamkeiten bzw. Verschiedenheiten ab und prüft, ob es für eine Nacht oder länger etwas werden könnte. An dieser Stelle sind die Unterschiede zwischen Sehenden und Blinden nicht mehr so groß. Bei sexuellen Kontakten spielt die Haptik für Blinde eine größere Rolle als visuelle Attraktivität. Am Ende ist für Sex entscheidend, dass sich beide Partner dabei wohlfühlen.

Viele Blinde bleiben auch beziehungsmäßig unter sich. Dafür gibt es unterschiedliche Gründe. Wie schon berichtet, waren und bleiben Blinde bis heute häufig unter sich. Sie besuchen gemeinsame Schulen oder machen ihre Ausbildung in Berufsbildungswerken. Sie machen gemeinsame Stammtische oder Freizeiten. Da sich die meisten zeitweisen und dauerhaften Beziehungen in der jungen Lebensphase anbahnen, ist es nicht weiter überraschend, dass bei vielen Paaren beide Partner blind sind. Obwohl Blinde und Sehbehinderte oft gleiche Schulen oder Ausbildungseinrichtungen besuchen, kommen Beziehungen zwischen Blinden und Sehbehinderten nicht so häufig vor, wie man denken würde.

Immer mehr Blinde besuchen reguläre Schulen, machen eine klassische Ausbildung oder absolvieren ein Hochschulstudium und treffen deshalb immer seltener auf andere Blinde. Wenn andererseits die Sehenden von Kindesbeinen an mit Blinden aufwachsen, sinken die Berührungsängste und eine Beziehung zwischen Blinden und Sehenden wird wahrscheinlicher.

Allerdings spielt ein zweiter eher psychischer Faktor eine große Rolle. Wir erwarten heute, dass eine Beziehung auf Augenhöhe stattfindet. Auch wenn es nach wie vor Beziehungen gibt, in denen der Mann das Sagen und die Frau zu gehorchen hat, würde kaum jemand eine solche Beziehung als gesund oder wünschenswert ansehen. Eine gleichberechtigte Beziehung zwischen Blinden und Sehenden oder Sehbehinderten ist oft schwierig. Viele Nicht-Behinderte haben gegenüber Behinderten ein Helfersyndrom. Dagegen ist generell nichts zu sagen, aber leider kann der Helfer schnell zum Kontrolleur werden. Das Bestreben von Angehörigen oder Partnern, alle Probleme aus dem Weg zu räumen, mag auf den ersten Blick löblich erscheinen, artet aber schnell in Kontrolle aus. Der Behinderte verliert nach und nach die Möglichkeit, sein Leben selbst zu gestalten und flieht schließlich aus dieser Beziehung. Oder er wird von seiner Bezugsperson abhängig, da er allmählich verlernt, selbstständig zu leben. Da geht es um ganz elementare Dinge, wie selbst einkaufen gehen, Behörden-Angelegenheiten oder den Theaterbesuch. Wer das längere Zeit nicht macht, verlernt es allmählich und traut sich dann nichts mehr zu. Er wird von seinem Partner und dessen guten Willen abhängig. Es gibt tatsächlich Menschen, die sich gezielt einen behinderten Partner suchen, um ihn je nach Perspektive bemuttern oder dominieren zu können.

Das sind natürlich drastische Fälle. Nach meiner Beobachtung nehmen Beziehungen zwischen Blinden und sehenden Partnern eher zu. Und sie sind zumeist unproblematisch, was die Sehbehinderung angeht.

Ein anderer Faktor, der zwischen den Partnern stehen kann, ist die doch sehr unterschiedliche Erlebniswelt. Ein Blinder hat eher Spaß an Hörbüchern und Hörspielen, während ein Sehender gedruckte Bücher oder das Theater vorzieht. Das ist allerdings kein Hindernis, solange die gemeinsame Basis groß genug ist. Alles gemeinsam zu machen, ist wahrscheinlich der Beziehungskiller Nummer 1. Dennoch gibt es gewisse Vorteile, wenn ein Paar eine Erlebniswelt teilt. Nehmen wir ein Beispiel: Einer der Partner sitzt im Rollstuhl und ist sehend, der andere ist blind. In diesem Fall verdoppeln sich die Barrieren: Der Eine möchte nicht ins Theater, weil er nichts sieht, der Andere kann nicht ins Museum, weil es da zu viele Treppen gibt. Solche Beziehungen sind nicht unmöglich, aber oft schwierig.

Blinde in der Kultur

Die Gehörlosen haben eine eigenständige Kultur auf Basis der Gebärdensprache entwickelt. Etwas Vergleichbares gibt es bei den Blinden nicht. Das mag daran liegen, dass der verbale Austausch zwischen Blinden und Sehenden nicht wirklich erschwert ist. Die Brailleschrift taugt nur eingeschränkt als Kulturmedium. Allerdings gibt es auffällig viele prominente blinde Musiker: Ray Charles, Stevie Wonder, Vanessa Mae, Bobby McFerrin, Andrea Bocelli und noch einige mehr.

Noch auffälliger ist die Zahl blinder Autoren. Es gibt eine große Zahl von Autobiografien, die von Blinden geschrieben wurden. Die bekannteste Person ist sicherlich die taubblinde Helen Keller. Daneben gibt es aber noch viele weitere Autoren wie John Hull, Zoltán Törey oder Sabriye Tenberken. Das sind natürlich alles keine Literaten, aber ihre Bücher wären wohl nicht so erfolgreich gewesen, wenn sie sich nicht gut ausdrücken könnten. Homer, der antike Autor der Odyssee und des Trojanischen Krieges soll ebenfalls blind gewesen sein. Nach meiner Beobachtung gibt es in anderen Gruppen von Behinderten wie Rollstuhlfahrern oder Gehörlosen nicht so viele Autoren.

Das Fehlen des Sehsinns könnte eine verstärkte Konzentration auf verbale und musikalische Ausdrucksweisen zur Folge haben. Wer ohnehin eine künstlerische Ader hat und blind ist, für den mag es naheliegender sein, sich mit Text und Musik anstatt mit Bildhauerei oder Fotografie zu beschäftigen.

Was aber nicht heißt, dass es dies nicht gibt. Es gibt Blinde wie den Franzosen Evgen Bavcar, die mit künstlerischem Anspruch fotografieren, auch er hat eine Autobiografie geschrieben. Die blinde Künstlerin Silja Korn genießt in Deutschland eine gewisse Bekanntheit. In Köln gibt es sogar einen eigenen Verein für blinde Künstler.

Blindheit und Inklusion

Das Selbstbewusstsein der Blinden ändert sich allmählich. Früher war Blindheit etwas, wofür man sich geschämt hat. In vielen Ländern ist das heute noch so. In Tibet zum Beispiel wird Blindheit als göttliche Strafe angesehen.

Ein wichtiger Faktor für das steigende Selbstbewusstsein

Behinderter dürfte die UN-Konvention über die Rechte von Menschen mit Behinderung sein. In dieser Konvention wird die gleichberechtigte Teilhabe von behinderten Menschen gefordert. Durch den Prozess der Inklusion sind Behinderte angehalten, ihren Platz in der Gesellschaft einzunehmen.

Das ist eine schleichende Revolution. Früher waren behinderte Menschen, die außerhalb bestimmter Nischen arbeiteten eine absolute Ausnahme. Die meisten Behinderten haben im Staatsdienst, in Behindertenwerkstätten oder eben gar nicht gearbeitet. Heute erwarten wir selbstverständlich, dass wir fast jeden Job machen können.

Ein weiterer Faktor ist die verbesserte Versorgung mit Hilfsmitteln. Noch vor zehn Jahren hätte niemand geglaubt, dass es ein Smartphone geben würde, dass out of the box für Blinde bedienbar ist. Heute erleichtert es das Leben vieler Blinder, weil es zahlreiche teure Hilfsmittel in einem kleinen Gerät zusammenfasst. Doch auch auf symbolischer Ebene ist das Smartphone von hoher Bedeutung. Vielleicht zum ersten Mal verwenden Blinde und Sehende das gleiche Gerät ohne großen Unterschied, wodurch sie symbolisch auf Augenhöhe sind.

Inklusion ist schon in vieler, wenn auch noch nicht in aller Munde. Aber was heißt das eigentlich? Inklusion bedeutet, dass es keine künstliche Trennung mehr zwischen Behinderten und Nicht-Behinderten geben soll. Sie besuchen die gleichen Schulen, schauen sich die gleichen Filme an und arbeiten und leben selbstverständlich zusammen. Sie entscheiden gemeinsam darüber, wie eine lebenswerte Gesellschaft aussehen soll, fluchen gemeinsam über unfähige Politiker, langsame Bürokraten oder teure Mieten.

Dazu muss man wissen, dass Behinderte lange Zeit von der Gesellschaft abgeschnitten waren und teilweise bis heute sind. Es gibt buchstäbliche Barrieren wie die fehlende Rampe für Rollstuhlfahrer, aber auch soziale Barrieren wie Berührungsängste gegenüber Menschen mit geistiger Behinderung. Viele spezielle Einrichtungen für Behinderte, wie die Berufsbildungswerke, liegen weit außerhalb der Stadtzentren, die räumliche Trennung symbolisiert dabei auch die gesellschaftliche Exklusion.

Inklusion ist deshalb eines der vielen Themen, die aktuell vor allem im Schulbereich diskutiert werden. Fest steht, dass die inklusive Schule kommt, nur die Details sind noch umstritten.

Der Widerstand gegen die Inklusion Blinder und Sehbehinderter in den Unterricht ist weniger groß als bei anderen Behinderungen. Sie gelten generell als gut inkludierbar, wenn sie ausreichend unterstützt werden.

Die Angst vor der Blindheit

Gehen ein Blinder, ein Gehörloser und ein Rollstuhlfahrer in eine Bar … Nun, dieser Witz hat keine Pointe. Man kann nächtelange Diskussionen darüber führen, welche Behinderung die Schlimmste ist. Nicht, dass jeder seine Behinderung als die schlimmste betrachtet, im Gegenteil. Der Gehörlose kann sich nicht vorstellen, blind zu sein, der Blinde verzichtet lieber auf sein Augenlicht als auf das Gehör und der Rollstuhlfahrer ist vielleicht lieber geh- als seh- oder hörbehindert. Auch wenn sie ihr ganzes Leben auf viele Dinge verzichten mussten haben sie sich doch soweit mit ihrer Situation arrangiert, dass sie mit der Behinderung zurechtkommen.

Dennoch erscheint es vielen Nicht-Behinderten am schlimmsten, auf ihren Sehsinn verzichten zu müssen. Die Welt wird größtenteils visuell aufgenommen. Kaum ein Wesen legt so viel Wert auf die visuelle Ästhetik wie der Mensch.

Viele Blinde fragen sich, warum sie nicht zu einem Bewerbungsgespräch eingeladen werden. Vielfach wird es schlicht die Unlust des potenziellen Vorgesetzten sein, sich einen Behinderten «aufzuhalsen». Oft wissen die Verantwortlichen vermutlich gar nicht, wie sie mit Blinden umgehen sollen, und laden sie auch deshalb nicht ein.

Ich glaube aber auch, dass viele Menschen mit ihrer eigenen Angst vor dem Blindsein konfrontiert werden, wenn sie einem Blinden leibhaftig begegnen. Behinderte sind weitgehend aus dem Alltag verbannt, selbst ältere Menschen sieht man fast nur morgens. Das liegt nicht nur an den Barrieren im Alltag, sondern auch daran, dass sie schlicht als unerwünscht gelten. Der Abbau physischer Barrieren fördert nach und nach die mentalen Barrieren zutage. Als von Geburt an Blinder spürt man dies vielleicht nicht so intensiv wie Spät-Erblindete, doch man spürt es durchaus und es ist nicht immer ganz angenehm.

Der blinde Held

Wenn alles so easy peasy ist, wie ich es in den ersten Kapiteln dargestellt habe, dann ist Blindheit ja halb so schlimm oder?

Ganz so einfach ist es doch nicht. Blinde stehen oft unter enormer Anspannung. Nehmen wir eine recht alltägliche Situation, wie das Gehen auf einer normalen Straße. Der Blinde muss hier viele Dinge gleichzeitig tun: Er darf nicht zu dicht an der Hauswand entlanggehen, weil dort Gegenstände sein oder Leute aus dem Haus kommen können. Er darf nicht zu nah an der Straße gehen, weil er sonst sämtliche Rückspiegel mitnimmt oder sich an Fahrrädern verheddert. Er muss manchmal bei extremem Lärm und in üblem Menschengewusel eine Straße überqueren, wobei weder Passanten noch abbiegende Autos Rücksicht auf ihn nehmen. Na, wollen wir tauschen?

Essen in der Öffentlichkeit ist ein Riesenspaß. Natürlich merkt man erst, wenn man zuhause ist, dass der Döner gekleckert hat und man den ganzen Tag mit Flecken auf dem Hemd herumgelaufen ist.

Die Gesellschaft, aber auch viele Blinde selbst stellen sehr hohe Erwartungen an blinde Menschen. Wenn ein Sehender mit schmuddeligen Klamotten, Drei-Tage-Bart und Zottelfrisur durch die Gegend läuft, ist das vielleicht ein modisches Statement. Bei Blinden denkt man sofort: «Der Arme, kann sich nicht mal selbst pflegen».

Wenn es darauf ankommt, gibt es keinen Blinden-Bonus, es spielt dabei keine Rolle, für wie tolerant sich die Menschen halten. Wenn man dem Gegenüber beim Bewerbungsgespräch nicht in die Augen schaut, wird man wahrscheinlich nicht eingestellt, egal, wie schön der Lebenslauf und wie überzeugend das Auftreten ist. Dass jemand blind ist, interessiert den Personalchef nicht.

Das ist nicht unbedingt böswillig gemeint. Sehende Menschen misstrauen instinktiv anderen Menschen, wenn sie anders sind oder gegen Konventionen verstoßen. Aus der Sicht eines Arbeitgebers ist es auch verständlich, dass er jemanden nicht in ein Kundengespräch schicken möchte, der keinen Blickkontakt mit dem Geschäftspartner herstellen kann oder mit starrem Gesicht ins Leere schaut. Natürlich können die Betroffenen nichts dafür, aber im Geschäftsleben zählen solche Dinge leider nicht.

Blinde müssen versuchen, sich an den Regeln der sehenden Welt zu orientieren. Natürlich kann jeder Mensch sich kleiden oder die Augen verdrehen, wie er möchte. Der Verstoß gegen solche gängigen Regeln sollte aber bewusst erfolgen und nicht deshalb, weil man diese Regeln nicht kennt. Vielen Blinden ist nicht bewusst, dass sie gegen ungeschriebene Konventionen verstoßen, weil ihnen wie schon erwähnt der Spiegel fehlt, sowohl der Spiegel an der Wand als auch der Spiegel, den andere Menschen für Sehende darstellen.

Das ist ein Grund mehr für Inklusion in der Schule und auch außerhalb dieser. Je früher blinde Kinder ein kritisches Feedback bekommen, desto besser werden ihre Möglichkeiten sein, sich an die Regeln der Sehenden anzupassen. Natürlich wäre es wünschenswert, dass es unter den Sehenden mehr Toleranz für abweichendes Verhalten gäbe, aber auch dafür ist die Inklusion das beste Mittel.

Unter Blinden ist die Arbeitslosigkeit sehr hoch. Die Gründe dafür sind unterschiedlich: So ist ein Großteil der Behinderungen im Alter eingetreten und oftmals kann der bisherige Job nicht mehr bewältigt werden.

Menschen, die im reiferen Alter erblinden sind oft von mehreren Tragödien gleichzeitig betroffen. Der Partner kann sich abwenden, weil er mit der Erblindung nicht umgehen kann oder will, die alten Freunde ziehen sich nach und nach zurück, weil es mit Nicht-Behinderten irgendwie einfacher ist, man kann die Gesichter der eigenen Kinder nicht mehr erkennen, das Umfeld muss völlig umgestaltet werden, der alte Job und viele der alten Hobbies kommen nicht mehr infrage.

Alles in allem kann die psychische und physische Belastung für Blinde enorm sein. Ihr seid nicht blind, spürt aber den gleichen Druck, immer perfekt zu sein? Willkommen im Klub.

Kapitel 7
Blindheit in der Wissenschaft

Menschen, die physisch oder psychisch vom Durchschnitt abweichen sind ein beliebtes Objekt wissenschaftlicher Untersuchungen. Oliver Sacks oder V. S. Ramachandran haben auf dieser Basis zahlreiche Fallgeschichten veröffentlicht. Der Grund dafür ist, dass man an der Abweichung studieren kann, wie es eigentlich funktioniert. Ramachandran stellt in «Die blinde Frau, die sehen kann» eine Frau vor, die eigentlich blind ist, aber zielstrebig nach einem Stift greifen kann, den man ihr hinhält. Das Sehzentrum dieser Dame funktioniert und sie ist in der Lage, auf instinktive Reize zu reagieren. Aber sie kann visuelle Informationen nicht bewusst verarbeiten.

Natürlich geht es nicht darum, diese teils schweren Schicksale für die Forschung auszuschlachten. Wenn man herausfindet, warum es zu solchen Abweichungen kommt, wird es hoffentlich einmal möglich, Hilfsmittel, Medikamente oder Therapien für die Betroffenen zu entwickeln. Das klappt nur, wenn diese Phänomene systematisch untersucht werden. Es kommt auch gar nicht so selten vor, dass sich Leser selbst in diesen Fallgeschichten wiederfinden und zum ersten Mal eine Erklärung für ihre eigenen Probleme finden.

Blindheit wird schon seit Langem wissenschaftlich untersucht. Es geht vielfach darum, die Ursachen von Augenerkrankungen herauszufinden und eine Erblindung zu verhindern. Es soll aber auch untersucht werden, wie sich Gehirn und Verhalten ändern, wenn ein Mensch nicht sehen kann. Orientierungsweisen von Blinden sind zum Beispiel für das Militär interessant. Soldaten im Einsatz müssen sich gelegentlich durch unbekanntes Gelände bewegen. Die Sichtweiten können dabei sehr gering sein. Ein Vorbild für die Brailleschrift war die von einem Militär entwickelte Nachtschrift.

Sehen ist der für den Menschen wichtigste Sinn. Ein Großteil der Gehirnkapazität ist darauf ausgelegt, visuelle Eindrücke zu verarbeiten. Wie in den bisherigen Kapiteln dargestellt, ist das Sehen nicht nur für die Orientierung oder für alltägliche Aufgaben wichtig. Es spielt auch eine große Rolle in der sozialen Interaktion und Kommunikation. An den Unterschieden zwischen Geburts-Blinden und Sehenden lässt sich hervorragend studieren, welcher Teil der Körpersprache erlernt oder angeboren ist.

Therapien und Heilmethoden für Augenerkrankungen werden vor allem in der Medizin untersucht. Das ist zwar wichtig, aber nicht besonders spannend, entweder funktioniert eine Therapie oder sie funktioniert nicht, deswegen werde ich das in diesem Buch nicht weiter behandeln. Neuronale und soziale Aspekte werden vor allem von Kognitionspsychologen erforscht, deren Ergebnisse wollen wir uns hier näher anschauen.

Gehirn und Sinne

Das Gehirn ist außerordentlich anpassungsfähig. Viele Blinde erbringen große Leistungen, wenn es um die Interpretation von Hör-, Geruchs- und Tastsignalen geht.

Es fällt Geburts-Blinden Kindern wesentlich leichter, sich auf die blinde Welt einzustellen. Je älter ein Mensch bei seiner Erblindung ist, umso schwerer wird es ihm fallen, sich an die Blindheit anzupassen. Das hängt damit zusammen, dass Kinder sich generell schneller anpassen können, für sie ist das

Leben an sich ein stetiger Lernprozess. Geburts-blinde Kinder müssen sich gar nicht umstellen, aber auch ältere Kinder können sich schnell anpassen.

Neben der kognitiven Flexibilität, also der Anpassung von Gehirn- und Sinnesleistungen gibt es weitere Herausforderungen für ältere Menschen. Der richtige Umgang mit dem Blindenstock erfordert ein gewisses Maß an Feinmotorik, für die Blindenschrift braucht man ein Mindestmaß an Feinfühligkeit in den Fingern. Älteren Menschen fällt es wesentlich schwerer, diese Techniken zu erlernen, weil sie die physiologischen Voraussetzungen oft gar nicht mehr mitbringen.

Es kommt aber noch ein individueller Faktor dazu: Je aktiver ein Mensch ist, desto anpassungsfähiger ist er auch. Leider neigen viele ältere Blinde dazu, vor allem zuhause zu bleiben oder nur in Begleitung Ausflüge zu machen. Muskeln, die nicht trainiert werden, bauen ab. Gleiches gilt für Sinnesreize, die nicht ausreichend stimuliert werden.

Es gibt keinen speziellen Platz im Gehirn, in dem Sinnesinformationen verarbeitet werden. Stattdessen zerlegt das Gehirn die eingehenden Signale, um sie in unterschiedlichen Arealen weiterzuverarbeiten. Nehmen wir an, ein roter Ball rollt auf uns zu: Dann werden die Informationen rot, rund und Rollen von unterschiedlichen Teilen des Gehirns verarbeitet. Vor allem beim Sehen ist das auch nicht weiter erstaunlich. Wir verwenden unser Sehvermögen, um uns zu orientieren, Fußball zu spielen oder zu lesen. Diese zahlreichen Aufgaben können nur bewältigt werden, wenn unterschiedliche Teile des Gehirns ins Spiel kommen. Deshalb ist es auch nicht weiter erstaunlich, dass das Gehirn Blinder nicht wesentlich anders funktioniert als das Sehender. Unterschiede gibt es natürlich: Der Schwerpunkt Sehender liegt eben auf der Verarbeitung visueller Informationen, während

Blinde diese Ressourcen zur Verarbeitung der Informationen anderer Sinne verwenden, vor allem Haptik und Akustik.

Anscheinend wird das visuelle Zentrum nicht nur genutzt, um Sehreize zu verarbeiten. Es kommt auch bei der Erzeugung visueller Vorstellungen und in Träumen zum Einsatz, also in Fällen, in denen man eigentlich nichts aktiv sieht. Dieser Gedanke liegt zumindest nahe, wenn man sich die verschiedenen Erfahrungen Blinder anschaut. John Hull berichtet, dass er einige Zeit nach seiner Erblindung alle visuellen Vorstellungen einbüßte. Er vergaß sogar, dass Gegenstände so etwas wie eine visuelle Erscheinungsform haben mussten. Andere berichten hingegen von gutem Vorstellungsvermögen. Der blinde Psychologe Zoltán Törey konnte vor seinem inneren Auge eine visuelle Repräsentation erzeugen, die es ihm zum Beispiel ermöglichte, sein Dach neu zu decken. Viele blinde Frauen haben eine sehr genaue Vorstellung davon, welche Frisur, welche Kleidung oder welches Make-up ihnen steht. Liegt es daran, dass sie gut beraten werden, oder gibt es da doch mehr?

Eine weitere spannende Frage ist, ob Blinde sich den Aufbau komplexer Objekte ähnlich gut einprägen können wie Sehende. Wir wissen, dass Sehende ein hervorragendes Gedächtnis für Gesichter haben. Das geht so weit, dass man Menschen wieder erkennt, die man nur kurz gesehen hat und die man vielleicht nach Jahren wieder trifft, wobei sich Statur, Frisur oder Kleidung geändert haben können.

Blinde dürften eine Art taktiles Gedächtnis haben, dass es ihnen erlaubt, sich komplexe Formen besser zu merken als Sehende. So konnte der blinde Biologe Geerat Vermeij neue Molluskenarten anhand winziger Abweichungen identifizieren. Blinde setzen stark auf taktile Orientierungspunkte, um sich besser zurechtzufinden. Dazu gehören auch geringe Unterschiede im Asphalt, Veränderungen der Bodenbeschaffenheit oder Kanten mit unterschiedlichen Höhen. Blinde können sich auch ausgezeichnet die Position von Gegenständen zum Beispiel auf dem Frühstückstisch merken. So können sie zielsicher nach der Kaffeetasse greifen oder sie auf die Untertasse zurückstellen.

Das erscheint zunächst nicht besonders bemerkenswert, allerdings werden viele dieser Unterschiede nur indirekt wahrgenommen, zum Beispiel durch die Schuhe oder über den Blindenstock.

Eine weniger erfreuliche Erkenntnis der Neuro-Psychologen ist, dass die multisensorische Wahrnehmung besser funktioniert als die Wahrnehmung über einen einzelnen Sinn. Das heißt, zum Beispiel, dass wir einen Menschen besser verstehen, wenn wir seine Worte hören und seine Lippenbewegungen sehen. Tatsächlich können geübte Lippenleser bis zu 30 Prozent von den Lippen ablesen. Bei Sehenden ohne diese Fähigkeit ist es natürlich deutlich weniger, dennoch trägt das Lippenlesen passiv zum Verstehen bei. Die Bemerkung «Sprich bitte lauter, es ist dunkel» ist also gar nicht so abstrus. Das Lippenlesen trägt dazu bei, dass man Menschen auch in lauten Umgebungen wie in Diskotheken verstehen kann. Abgesehen davon, dass man an solchen Orten wohl keine tiefschürfenden Diskussionen führen wird.

Es zeigt aber auch, wie komplex die Verarbeitung von Sinnesinformationen ist. Wie ich schon im Abschnitt über die Orientierung Blinder dargestellt habe, führt das Gehirn nicht nur die Sinnesreize zusammen, sondern reichert sie mit Erinnerungen und Emotionen an. Das Spannende an diesen Erkenntnissen ist, dass das Gehirn eben nicht wie ein Computer funktioniert. Wir können uns das Gehirn als ein Netzwerk verschiedener Einheiten vorstellen. Einheiten, die häufiger verwendet werden, verbinden sich stärker, während wenig genutzte Verbindungen schwächer werden.

Allen Spät-Erblindeten fällt es mehr oder weniger schwer, sich an die neue Situation anzupassen. Die Botschaft für sie – und alle anderen, die vor ähnlichen Problemen stehen – Üben, Üben, Üben. Das Schlimmste, was sie tun können, ist, zu versuchen, der Herausforderung aus dem Weg zu gehen.

Geburts- und Spät-Erblindete

Auch der Unterschied zwischen Geburts- und Spät-Erblindeten beschäftigt die Forschung. Die meisten Forscher suchen gezielt nach Geburts-Blinden, weil bei ihnen die Unterschiede zu Sehenden am stärksten hervortreten bzw. am einfachsten festzustellen sind. Das Gehirn Geburts-Blinder hat nie gelernt, visuelle Reize zu verarbeiten. Das macht es mithilfe bildgebender Verfahren einfacher, zu untersuchen, welche Teile des Gehirns für das Sehen tatsächlich wichtig sind. Man sollte eigentlich annehmen, dass es sagen wir nach ein paar Jahren, gar keinen Unterschied bei der kognitiven Informationsverarbeitung zwischen Geburts- und Spät-Erblindeten mehr gibt. Das ist aber nicht der Fall.

Viele Fragen sind noch nicht eindeutig geklärt. Wie gut ist das Gehirn Spät-Erblindeter zum Beispiel in der Lage, den visuellen Cortex für andere Aufgaben zu verwenden? Können Spät-Erblindete ähnlich gute räumliche Vorstellungen entwickeln wie Geburts-Blinde? Wenn wir bedenken, dass Erblindungen vor allem im reifen Alter auftreten, werden solche Fragen immer wichtiger.

Das Gehirn Geburts-Blinder verarbeitet taktile Informationen anders als das Spät-Erblindeter. Geburts-Blinde können den visuellen Cortex, der die Seh-Informationen verarbeitet für die taktile Wahrnehmung nutzen. Bei Spät-Erblindeten wird zwar der Bereich vergrößert, der für die Verarbeitung taktiler Reize zuständig ist, allerdings verarbeiten sie diese Reize anders als Geburts-Blinde. Wissenschaftler können heute die Sehrinde teilweise abschalten. Bei einem solchen Versuch waren Geburts-Blinde nicht mehr in der Lage, Braille zu lesen, während Spät-Erblindete weniger Probleme hatten.

Die spannende Frage ist, ob Spät-Erblindete bei genügend Übung ebenso fit beim Orientieren oder Braille-Lesen werden können wie Geburts-Blinde. Die nächste Frage wäre, welche Faktoren dafür entscheidend sind, dass Spät-Erblindete solche Leistungen erreichen: Hängt es nur von Training und Erfahrung ab oder gibt es weitere Faktoren, die bei der Erlangung und Verbesserung dieser Fähigkeiten hilfreich sein können?

Mit den Ohren sehen

Es gibt Menschen, die Gerüche oder Musik als Farben erleben oder umgekehrt. Diese Wahrnehmung nennt man Synästhesie. Auch blinde Menschen können Synästhetiker sein. Forscher überlegen seit Längerem, wie sinnliche Erfahrungen durch einen anderen Sinn ersetzt werden können, man nennt das Sinnes-Substitution.

Die Hebrew University of Jerusalem erforscht zum Beispiel, wie sich visuelle Eindrücke in Töne übersetzen lassen. Das Ziel ist es, über verschiedene Klänge und Klangkonstellationen quasi visuelle Eindrücke zu vermitteln.

Ein Beispiel: Blinde nehmen nur den Teil des Raumes wahr, den sie mit ihrem Körper oder dem Blindenstock erreichen können. Über Geräusche, Luftzug oder Echo können sie vielleicht noch sagen, wie groß ein Raum ist oder wo das nächste Hindernis ist. Aber sie haben kein dreidimensionales Abbild der Umgebung, wie es ein Sehender problemlos erzeugen kann. Das soll sich mit Sinnesersatzgeräten ändern. Da sie einen Sinn, in diesem Fall das Hören verwenden, um einen anderen Sinn – das Sehen – zu ersetzen, nennt man solche Geräte Sinnes-Ersatz-Geräte, Englisch Sensual substitute Device. Statt einem Blinden zu erklären, wie eine Landschaft aussieht oder was Farben sind werden ihm akustische Analogien in Form von Klängen oder Klanglandschaften offeriert.

Untersuchungen der Hebbrew University zeigen, dass Blinde mit ein wenig Training schnell lernen, ein mentales Abbild der Umgebung oder von Objekten zu entwickeln. Die Forscher haben zum Beispiel eine Klangfolge generiert, die die blinde Versuchsperson als Gesicht identifizieren konnte. Es scheint tatsächlich so zu sein, dass der Teil des Gehirns für diese Aufgabe eingesetzt wird, der eigentlich für die Verarbeitung visueller Eindrücke zuständig ist.

Man mag fragen, ob eine verbale Beschreibung in diesem Fall nicht sinnvoller wäre. Das ist sie nicht. Stell dir vor, du würdest einen Film mit einer Audiobeschreibung für Blinde schauen. Schalte das Bild weg und höre dir nur die Audiodeskription an. Du wirst schnell feststellen, dass zwar wesentliche Aspekte des Films beschrieben werden, die Audiodeskription aber viele visuelle Eindrücke gar nicht vermittelt. Auch wenn die Audiodeskription zeitlich beliebig ausbaubar wäre, könnte sie dennoch keinen adäquaten Ersatz für die visuelle Darstellung bieten. Ebenso wäre es bei textlichen Beschreibungen. Dies liegt einfach daran, dass eine sinnliche Erfahrung am besten durch eine andere sinnliche Erfahrung ersetzt werden kann.

Können Blinde besser …?

Leider muss ich mit einigen Mythen über die Fähigkeiten Blinder aufräumen. Es muss niemandem peinlich sein, wenn er solche Dinge geglaubt hat, sie werden oft auch von Blinden selbst verbreitet.

Nach heutigem Kenntnisstand hat das Training bestimmter Fähigkeiten zwar zur Folge, dass diese Fähigkeiten verbessert werden, das verbessert aber nicht unbedingt andere verwandte Fähigkeiten. Blinde mögen sich hervorragend mit akustischen Signalen orientieren können, dass macht sie aber nicht automatisch zu besseren Ton-Ingenieuren oder Musikern.

Blinde können im Allgemeinen das besser, was sie regelmäßig benötigen und trainiert haben. Sehende können ebenso gut in diesen Fähigkeiten werden, wenn sie ebenso intensiv üben.

Die Anpassung an fehlende Sinne beginnt unmittelbar, wenn sie verloren gehen. So berichten Besucher von Dunkel-Cafés schon nach wenigen Minuten von einem schärferen Geruchssinn und Gehör. Ob das daran liegt, dass durch die fehlenden visuellen Reize die anderen Sinne einfach nur stärker genutzt oder wahrgenommen werden oder ob die Sinne tatsächlich empfindlicher werden, wissen wir aktuell nicht. Wir können aber von Ersterem ausgehen. Auch wenn der menschliche Körper sich schnell anpassen kann, so schnell geht dies dann auch wieder nicht. Außerdem ist die Schärfung, soweit wir wissen, nur temporär – sprich, ein paar Minuten nach dem Café-Besuch konzentriert man sich wieder voll auf das Sehen.

Vieles spricht dafür, dass Blinde vor allem bei den Fähigkeiten gut sind, die sie regelmäßig trainieren. So kann ein Blinder die Herkunft von Geräuschen gut verorten, ist deswegen aber nicht unbedingt ein guter Musiker. Er mag gut darin sein, die Qualität eines Essens am Geruch zu beurteilen, ist deswegen aber nicht der geborene Parfümeur. Das gilt natürlich auch umgekehrt, ein Musiker ist nicht unbedingt gut darin, Alltags-Geräusche zu erkennen, und ein Parfümeur ist nicht automatisch ein guter Koch. Das ist oft auch der Haken, wenn es um Intelligenz-Trainings geht. Jemand mag ein hervorragender Schachspieler und ein miserabler politischer Stratege sein. Er mag gut in Memory sein und kann sich trotzdem keine Gesichter merken. Leider ist die Welt nicht so einfach, wie wir es gerne hätten.

Stevie Wonder, Vanessa Mae oder Ray Charles sind also nicht so erfolgreiche Musiker, weil sie blind sind, sondern weil sie hart gearbeitet haben. Es mag sein, dass ein gewisser Teil der Begabungen angeboren ist. Die Blindheit kann bestimmte Hobbies begünstigen, am Ende machen vor allem Fleiß und Übung den Unterschied zwischen Mittelmaß und Meisterschaft, nicht die Blindheit.

Die Psychologin Brigitte Röder zeigte vor einigen Jahren, dass Blinde besser als Sehende in der Lage sind, Menschen an der Stimme zu erkennen. Allerdings zeigte sie auch, dass Sehende andere Menschen besser am Gesicht erkennen als Blinde es an der Stimme können.

Ich betone diesen Aspekt besonders, weil die Annahmen über die großartigen Fähigkeiten Blinder nicht nur nutzen, sondern auch schaden können. Wer zum Beispiel glaubt, Blinde könnten besonders gut hören wird häufig davon ausgehen, dass sie für «visuelle» Aufgaben wie die Arbeit am Computer nicht geeignet sind. So schrieb der Allianz-Vorstand Clement Booth in einem Gastbeitrag für die Welt Online, dass Blinde besonders gute Telefonisten seien, weil sie gut zuhören könnten.

Leider ist der Beruf des Telefonisten fast ausgestorben, ganz zu schweigen davon, dass er heute technisch komplexe Telefonanlagen bedienen muss, die für Blinde nicht ohne Weiteres zugänglich sind. Über die Aufstiegschancen des Telefonisten brauchen wir wohl nicht weiter zu sprechen. Viele der Vorurteile über die Fähigkeiten und Unfähigkeiten Blinder basieren auf solchen urbanen Mythen. Oft lese ich auch, Blinde seien besonders friedfertig und geduldig. Das klingt gut, ist aber ein vergiftetes Lob, die Kehrseite von Friedfertigkeit ist Langweiligkeit und mangelndes Engagement.

Häufig gestellte Fragen

Für diejenigen, die es ganz eilig haben, gibt es in diesem Kapitel eine Liste häufig gestellter Fragen.

Wie viele Blinde gibt es in Deutschland?

Das weiß leider niemand. Anscheinend werden die Zahlen nicht systematisch erfasst. Die Versorgungsämter dürften es am ehesten wissen. Sie geben die Schwerbehindertenausweise aus, Blinde erhalten dabei ein spezielles Merkzeichen «Bl». Allerdings geben sie die Zahlen nicht heraus. Schätzungen des Blindenverbandes DBSV gehen davon aus, dass es inzwischen 100.000 Blinde in Deutschland gibt. Die absolute Mehrheit von ihnen ist im Alter erblindet.

Wie kann ich Blinden helfen?

Eine typische Anfängerfrage. Die meisten Blinden, denen man so begegnet, benötigen vermutlich keine Hilfe. Wenn sie sich trauen, alleine vor die Türe zu gehen, werden sie den Rest wohl auch hinbekommen. Meistens kann man relativ gut erkennen, ob jemand Unterstützung braucht oder nicht. Hilfe sollte nur angeboten werden, wenn sie offensichtlich benötigt wird. Die meisten Helfer meinen es zwar gut; allerdings offenbaren unangebrachte Hilfsangebote die Ansicht des Helfers, ein Blinder könne nicht alleine zurechtkommen.

Wie helfe ich Blinden auf der Straße?

Diese Frage ist wesentlich einfacher zu beantworten. Blinde haben normalerweise gelernt, um Hilfe zu bitten, wenn sie sie brauchen. Ansonsten versucht einfach durch Beobachtung herauszufinden, ob die Person Hilfe benötigen könnte.

In keinem Fall sollte der Blinde ungefragt angefasst werden, es sei denn, es besteht eine konkrete Gefahr, wenn er zum Beispiel auf die Straße oder in eine Baustelle läuft.

Ein Blinder sollte von vorne oder von der Seite angesprochen werden. Die meisten Blinden konzentrieren sich auf den Weg und fühlen sich nicht angesprochen, wenn die Stimme irgendwoher kommt und etwas Unverständliches ruft. Frag ihn, ob du ihm helfen kannst und wenn ja, was du am besten tun kannst. Die meisten Leute werden einen bestimmten Ort suchen. Falls du zufällig in die gleiche Richtung gehst, kannst du ihn mitnehmen, ansonsten ist eine möglichst präzise Wegbeschreibung hilfreich. Wenn der Weg länger oder komplizierter ist, wird er ohnehin noch einmal nachfragen müssen, deshalb ist es nicht schlimm, wenn deine Beschreibung nicht umfassend ausfällt; Hauptsache, er kommt seinem Ziel näher.

Wie gehe ich als Fahrrad- oder Autofahrer mit Blinden um?

In der Regel kommen Blinde auf der Straße gut zurecht, ansonsten würden sie gar nicht vor die Türe gehen. Dennoch kann es immer zu komplizierten Situationen kommen, wenn es zum Beispiel keinen geregelten Fußgänger-Überweg gibt. Blinde können eure Gesten nicht sehen, auf solche Signale könnt ihr also verzichten. Manche Blinde verwenden aber selbst Gesten wie das «Weiterwinken», in diesem Fall solltet ihr einfach weiterfahren.

Normalerweise sind sich Blinde der Gefahren des Straßenverkehrs bewusst. Wenn sie am Straßenrand stehen, warten sie vermutlich auf eine ruhige Phase und werden nicht einfach so losrennen. Ihr braucht in diesem Fall nicht stehen zu bleiben, denn der Blinde kann nicht wissen, ob ihr ihn vorbei lassen wollt oder ob ihr nur mit eurem Handy herumspielt. Zudem kriegt er durch das Motorengeräusch nicht mit, was auf der Gegenfahrbahn los ist und weiß deshalb nicht, ob er sicher queren kann. Fahrt also einfach weiter. Wenn er sich in einer konkreten Gefahrensituation befindet, zum Beispiel ohne Grund auf die Straße läuft, solltet ihr ihn anhupen oder anklingeln. Wenn die Möglichkeit besteht, sollte er angesprochen werden, da er vermutlich nicht einschätzen kann, wo das Problem liegt.

Soll ich Blinden in Bus und Bahn helfen?

Die Frage ist im Grunde schon beantwortet: Wenn sie offensichtlich zurechtkommen, also den Eingang zum Bus oder zur Bahn finden oder sich an eine ungefährliche Stelle hinstellen, benötigen sie offensichtlich keine Hilfe. Bei Stolperfallen wie abgestellten Taschen solltet ihr sie warnen.

Wenn der Blinde offensichtlich nach einem freien Platz sucht, ist es ein Gebot der Höflichkeit, ihn dabei zu unterstützen und auf solche Plätze hinzuweisen. Wenn er aber nicht gerade offensichtlich gehbehindert ist, braucht man ihm nicht den eigenen Platz anzubieten.

Ist Blindheit heilbar?

Die Antwort ist ein klares Jein. Die Zahl der Augenkrankheiten ist so vielfältig, dass sich keine eindeutige Aussage treffen lässt.

Einige Augenkrankheiten lassen sich therapieren oder eindämmen. Viele Krankheiten wie RP oder das Usher-Syndrom gelten aktuell als nicht heilbar. Das Problem besteht auch darin, welcher Teil des Sehapparates tatsächlich erkrankt ist. Das Auge selbst kann betroffen sein, der Sehnerv oder das Sehzentrum im Gehirn können beschädigt sein. Generell sind Krankheiten umso besser therapierbar, je früher sie erkannt werden.

Wer also einen Artikel mit Titeln wie «XY macht Blinde wieder sehend», wobei XY wahlweise für Seh-Chip, Stammzellen oder Wunderheiler stehen kann, darf diesen Artikel getrost ignorieren. Wissenschaftler, Journalisten und PR-Abteilungen sind sehr flexibel bei der Darstellung von Fakten. Mag sein, dass ein Therapie-Ansatz bei Ratten erfolgreich war. Mag sein, dass ein Chip bei einer bestimmten Schädigung hilfreich sein kann. Mag sein, dass es in zehn Jahren oder auch nie einen praxistauglichen Ansatz für den Menschen geben wird. Aber eurem Bekannten wird es wahrscheinlich nicht helfen, weil er eine vollkommen andere Erkrankung hat. Es geht nicht darum, die Forschung zu verteufeln, es geht darum, keine falsche Hoffnung bei Betroffenen zu wecken.

Nach heutigem Kenntnisstand ist es nicht möglich, einen blind geborenen Menschen im Erwachsenenalter wieder sehend zu machen. Kinder lernen nach und nach, einzelne Objekte, Bewegungen oder Farben zu erkennen und zu unterscheiden. Auch wenn es gelingen würde, das Sehzentrum Vollblinder zu stimulieren, ihr Gehirn wird bestenfalls verschwommene Eindrücke erhalten und nicht in der Lage sein,

Details zu unterscheiden geschweige denn, wie ein schon immer Sehender zu sehen.

Nebenbei bemerkt haben die meisten Augenärzte so gut wie keine Erfahrung mit den typischen Augenkrankheiten blinder Menschen. Das liegt einfach daran, dass es relativ wenige Blinde gibt. Der Alltag eines Augenarztes wird von Augenverletzungen, Grauem Star oder alterstypischen Augenerkrankungen bestimmt. Leider haben viele Ärzte auch nicht genug Vernunft, den Patienten weiterzuleiten. Wenn ihr also den Eindruck habt, euer Augenarzt sei überfordert, begebt euch in eine spezialisierte Augenklinik.

Wie kann man frisch Erblindeten helfen?

Nehmen wir an, einer eurer Angehörigen ist erblindet und hat sich in seinem Heim verkrochen. Zunächst sollte man ihm die Gelegenheit geben, mit dem Schock fertig zu werden. Denn egal, was ich alles über die Leistungen Blinder geschrieben habe, die Erblindung ist für die Betroffenen eine schmerzhafte Erfahrung, die erst einmal verarbeitet werden muss. Wenn diese Phase vorbei ist, sollte man der Person nahe legen, sobald wie möglich, ein Orientierungs- und Mobilitätstraining zu beginnen. Das ist der erste Schritt, um einen Teil der Selbstständigkeit wieder zu gewinnen.

Außerdem ist es immer hilfreich, sich mit anderen Menschen in ähnlichen Situationen auszutauschen. Vielerorts gibt es Stammtische oder Sportvereine von Selbsthilfegruppen, in denen man sich austauschen oder wieder aktiv werden kann. Die Rolle von sozialen Kontakten für die Psyche wird leider noch vielfach unterschätzt.

Auch die lebenspraktischen Fertigkeiten sollten nicht vernachlässigt werden. Es kann durchaus sein, dass sich Betroffene nicht vor die Türe trauen, weil sie sich nicht sicher sind, ob sie sich richtig rasiert haben oder korrekt geschminkt sind. Solche Eitelkeiten kann man den Menschen leider nicht rausoperieren. Je mehr und je schneller Betroffene wieder Kontrolle über ihr Leben gewinnen, umso besser wird es ihnen gehen.

Sollte man Blinde einfach so ansprechen?

Warum nicht? Wenn euch etwas interessiert, dann fragt einfach den Blinden, den ihr regelmäßig beim Einkaufen oder in der Bahn seht.

Blinde sind so individuell wie Sehende und unter ihnen gibt es Viele, die gerne Auskunft geben. Andere haben keine Lust, über dieses oder ein anderes Thema mit euch zu reden. Und natürlich kann es sein, dass derjenige gerade keine Zeit hat, weil er zur Arbeit muss. Dann sollte man nicht beleidigt sein und es einfach ein anderes Mal oder mit einer anderen Person ausprobieren.

Blinde können keinen Augenkontakt herstellen und sehen auch nicht, wenn Andere versuchen, nonverbal mit ihnen in Kontakt zu treten. Für Blinde sind Veranstaltungen sehr schwierig, um neue Menschen kennenzulernen. Die einfachste Möglichkeit besteht tatsächlich darin, jemanden einfach anzusprechen. Blindheit und Schüchternheit passen nicht gut zusammen. Blinde müssen ihrerseits bereit sein, Fremde einfach anzusprechen und mit einer eventuellen Zurückweisung zurechtzukommen.

Sollte man Blinde grüßen?

Nein, Höflichkeit kostet Zeit und die sollte man nicht an Leute verschwenden, die Einen sowieso nicht erkennen. Okay, das war ironisch gemeint.

Darf ich «siehst du das» und Ähnliches zu Blinden sagen?

Prinzipiell darf man alles zu Blinden sagen. Das Wort «sehen» ist im Übrigen oft metaphorisch gemeint im Sinne von «verstehen». Es gibt keinen Grund, den Gebrauch solcher Begriffe Blinden gegenüber zu vermeiden. Bevor man einen Zungenkrampf bekommt, sollte man lieber riskieren, jemandem auf den Schlips zu treten. Nervig sind bestenfalls Aussagen wie «Ich kenne mich mit Blindheit aus, mein Cousin dritten Grades sieht nur 70 Prozent auf einem Auge». Aber auch hier wird der Blinde nur seine inneren Augen verdrehen und dir nicht gleich in den Arm beißen.

Leben Blinde in ständiger Dunkelheit?

Jein. Dunkelheit kann es nur geben, wo es Helligkeit gibt. Tatsächlich wird Blindheit teils sehr unterschiedlich wahrgenommen. Meines Wissens gibt es keine systematischen Untersuchungen dazu, wie Vollblinde ihre Blindheit erleben. Ein wenig scheint es auch von dem Teil des Sehapparats abzuhängen, der geschädigt ist.

Der Psychologe Zoltán Törey berichtet, dass er sich die Dinge tatsächlich visuell vorstellt. Er könne schriftliche Divisionen im Kopf vornehmen, wobei er sich die einzelnen Schritte wie auf einer imaginären Tafel aufmalt. Jacques Lusseyran erzählt, er habe kurz nach seiner Erblindung ein Licht wahrgenommen, dass ihn fortan immer begleitet hätte. Der Theologie-Professor John Hull spricht von einer «tiefen Blindheit», er habe die Erinnerung an das Sehen komplett eingebüßt.

Können Blinde in ihren Träumen sehen?

Auch bei den Träumen finden wir den Unterschied zwischen Geburts- und Spät-Erblindeten. Geburts-Blinde haben keine visuellen Erinnerungen und können auch in ihren Träumen nicht sehen. Spät-Erblindete sehen manchmal in ihren Träumen und manchmal auch nicht.

Dabei spielt die Sehbehinderung in den Träumen oft keine Rolle. Man läuft nicht gegen den Laternenpfahl oder bleibt mit dem Fuß an einem Gegenstand hängen. Das liegt natürlich daran, dass die Welt in den Träumen vollständig vom Gehirn erzeugt wird. Man kann also Dinge erkennen, von denen man weiß, dass sie auch in Wirklichkeit existieren, die man selbst aber außerhalb der Traumwelt nicht mehr sehen könnte. Ansonsten unterscheiden sich die Träume Blinder kaum von denen Sehender. Mein Lieblingstraum ist, wie ich mit einem Auto durch die Gegend fahre, etwas, was ich nie in meinem Leben gemacht habe. Ich baue übrigens meistens einen Unfall.

Ist der Blinde da echt, der trägt weder Armbinde noch Sonnenbrille?

Der stilechte Blinde muss natürlich mit Sonnenbrille und gelber Armbinde mit drei schwarzen Punkten ausstaffiert sein. Außerdem sollte er permanent mit dem Kopf nicken oder einen anderen Tick haben ….

Die Sonnenbrille ist für einige Blinde ein modisches Accessoire. Man sollte nicht denken, dass Blinde kein Interesse an ihrem Äußeren haben, nur weil sie sich selbst nicht sehen können.

Oft hat die Sonnenbrille aber auch einen praktischen Nutzen. Sie kann zum Beispiel Verletzungen durch herabhängende Äste oder Ähnliches verhindern. Falls die Augen durch eine Erkrankung oder Operation geschädigt sind, verbirgt die Brille auch diese Schädigungen, die andere Menschen abschrecken könnten. Eine Sonnenbrille verbirgt aber auch, wo man gerade hinguckt, so fällt es nicht auf, dass der Blinde keinen direkten Augenkontakt herstellt.

Die gelben Armbinden oder Buttons mit den drei schwarzen Punkten sind heute vor allem unter jungen Blinden nicht mehr angesagt. Klappt man den Stock zusammen und steckt ihn weg, wird man für diese Zeit zum Nicht-Behinderten. Eine Binde bietet nur wenige Vorteile und wird heute eher als stigmatisierend empfunden. Tatsächlich werden die Armbinden und Buttons heute kaum noch als Symbol für Blindheit erkannt.

Einige Blinde verzichten sogar auf den Blindenstock. Das geht tatsächlich, wenn ihre Sehstärke noch gut genug ist, um sich zu orientieren und alltägliche Dinge zu erledigen. Viele von ihnen empfinden den Stock als stigmatisierend. Ob es klug ist, auf ein solches Hilfsmittel und die Kennzeichnung im Straßenverkehr zu verzichten, steht auf einem anderen Blatt.

Warum haben Blinde Ticks? Und warum schauen sie so grimmig?

Den Tick mit den unwillkürlichen Bewegungen gibt es tatsächlich bei einigen Blinden. Es gibt verschiedene Theorien dazu, wie dieser Tick zustande kommt. Er kann zum Beispiel auf Bewegungsmangel beruhen. Wenn das Kind in einem überbehüteten Haushalt aufgewachsen ist und sich kaum bewegen konnte, könnte ein solcher Tick entstehen. Normalerweise sollten die Eltern eingreifen, tun es aber häufig aus unangebrachter Rücksichtnahme nicht.

Eine zweite mögliche Ursache ist der Mangel an visueller Selbstkontrolle. Der Mensch passt sich mehr oder weniger unwillkürlich an das Verhalten anderer Menschen an. Wenn mir jemand zulächelt, lächele ich zurück. Wenn ich mich irgendwie seltsam verhalte, spiegelt sich das im Verhalten meines Gegenübers wieder. Außerdem kontrolliere ich natürlich auch selbst mein Verhalten im Spiegel. So entsteht eine permanente Selbstkontrolle, die bei Blinden nicht so stark ausgeprägt ist. Aus dem gleichen Grund sprechen schwerhörige Menschen oft viel zu laut, sie nehmen weder ihre eigene Stimme richtig war noch, dass die Anderen viel leiser sprechen als sie selber.

Deshalb stellen auch viele, vor allem blind geborene Menschen keinen Blickkontakt mit anderen Menschen her. Für sie selbst bringt der Blickkontakt keinen Vorteil, aber sie merken auch nicht, dass sie ihr Gegenüber damit verunsichern. Spät Erblindete schauen intuitiv ihren Gesprächspartner an, da der Blickkontakt mit der Mutter das Erste ist, was ein sehendes Kind lernt.

Aus dem gleichen Grund wirken viele Blinde oft grimmig oder unbeteiligt. Die Feinheiten der Mimik sowie ein neutraler Gesichtsausdruck fallen ihnen schwer. Hinzu kommt, dass sie tatsächlich oft unter Stress stehen oder sich konzentrieren müssen. Sie müssen sich zum Beispiel im Gewusel eines Marktes zurechtfinden oder eine bestimmte Durchsage am Bahnhof hören.

Wie kann ich Blinde kennenlernen?

Wer Blinde treffen will, kann zu einem der Stammtische gehen, die in jeder größeren Stadt von den Blindenvereinen veranstaltet werden. Die Leute dort freuen sich über neue Gesichter und haben meistens auch kein Problem mit seltsamen Fragen.

In einigen Städten gibt es auch sogenannte Dunkel-Cafés, in denen auch Blinde als Kellner arbeiten.

Für den, dem all das nicht zur Verfügung steht, gibt es Online-Foren, Facebook-Gruppen und Mailinglisten, in denen man wesentlich einfacher seine Fragen loswerden kann.

Wie kann ich Blinde unterstützen?

Auch dabei ist es von Vorteil, einen blinden Berater zur Seite zu haben. Der kann dir verraten, was man alles falsch machen kann, wenn Blinde anwesend sind.

Unsere Anforderungen sind gar nicht so kompliziert. Die meisten Blinden mögen keine PowerPoint-Akrobatik, die als Vortrag getarnt wurde. Dieses «Hier sehen Sie …» und «da sehen Sie …» ist nicht nur schlechter Vortragsstil: Entweder man sieht es oder man sieht es nicht, in beiden Fällen weiß man es und braucht es nicht gesagt zu bekommen. Dies zeugt auch von der Faulheit oder dem mangelnden Vortragsgeschick des Referenten. Blinden ist ein mündlicher Vortrag am liebsten, bei dem ist es auch nicht so wichtig, ob er von Folien oder Präsentationen begleitet wird oder nicht.

Kann ich ähnliche Fähigkeiten wie Blinde entwickeln?

Viele Dinge, die wir tagtäglich machen, können wir auch problemlos als Blinde erledigen. Als ich auf einer elektromechanischen Schreibmaschine tippen gelernt habe, hat uns die Lehrerin bis zum Erbrechen beigebracht, dass wir nicht auf die Tastatur schauen sollten. Das ist natürlich sinnvoll, aber es spielte für mich keine Rolle, da ich aus dieser Entfernung die Buchstaben ohnehin nicht hätte lesen können. Richtig ist aber, dass man nur ohne Hinsehen flüssig und nebenbei auch blind tippen lernt.

Das gilt aber auch für viele andere Bereiche. Musiker können ihr Instrument auch im Dunkeln spielen, wenn sie die Noten auswendig können. Ein Koch kann sein Gemüse auch mühelos mit geschlossenen Augen zurechtschneiden, ein Automechaniker erkennt oft schon am Geräusch des fahrenden Autos, wo das Problem liegen könnte.

Tatsächlich merken wir erst, wenn wir unsere Sinne zeitweise ausschalten, wie stark wir sie im Alltag verwenden. So erzählte ein Mann, wie er Schwerhörigkeit mit Ohrstöpseln simuliert hat. Erst bei diesem Versuch verstand er, welch wichtige Rolle das Gehör im Autoverkehr spielt. Wenn man den Leuten zeitweise die Nase zuhält merken sie, dass der Geruchssinn die entscheidende Rolle für den Geschmack spielt, während die Zunge nur sehr grob die Geschmäcker und Aromen unterscheiden kann.

Zum Schluss

Blinde sind ebenso individuell wie sehende Menschen. Die Erfahrung zeigt, dass es den einen Weg, mit seiner Blindheit zurechtzukommen, nicht gibt. Für den einen ist es das Beste, die Blindheit zu akzeptieren und sich so weit wie nötig anzupassen. Der Andere lehnt es ab, die Begrenzungen einer Erblindung zu akzeptieren und tut alles, um diese Grenzen zu überschreiten. Jeder Mensch geht abhängig von seinem Charakter, seinen Fähigkeiten und dem sozialen Umfeld anders mit den Wirrnissen des Lebens um. Es gibt nicht den einen richtigen Weg. Blind zu sein ist nicht besser oder schlechter als sehen zu können. Am Ende des Tages ist es eine andere Form der Wahrnehmung.

Manche sind an ihrer Blindheit über sich hinaus gewachsen. Und einige sind daran gescheitert, mit der Erblindung zurechtzukommen. Was allen Blinden gemein ist, die ihr Leben erfolgreich gestaltet haben ist, dass sie sich nicht auf ihre Blindheit zurückgezogen haben. Oft sind gerade diejenigen, die am stärksten mit ihrem Schicksal gehadert haben am Ende die Erfolgreichsten.

Der Unterschied zwischen Blinden und Sehenden ist gar nicht so groß, wie Sehende oft glauben. Im Allgemeinen haben Blinde ähnliche Vorlieben und Abneigungen wie Sehende. Sie knüpfen Beziehungen und Freundschaften, sie spielen und sie gehen einer Beschäftigung nach. Sie wünschen sich ein Eigenheim und eine Familie und eine glückliche Beziehung. Sie lassen sich scheiden, ziehen um, entdecken neue Hobbies und geben Alte auf. Die Meisten von ihnen haben sich mit ihrer Situation arrangiert, einige hadern mit ihrem Schicksal, so wie es Sehende mit einer anderen Gegebenheiten wie einem schlechten Job oder einer unglücklichen Beziehung tun. Mit anderen Worten: Blinde sind wie Sehende – nur anders.

Ich hoffe, dass dieser Gedanke durch mein Buch deutlich geworden ist. Wenn ihr Fragen zum Thema Blindheit oder Kommentare zum Buch habt, freue ich mich auf eine Nachricht an webmaster@oliveira-online.net.

Bücher

Es gibt zahllose Bücher rund um Blindheit und Behinderung. An dieser Stelle möchte ich lediglich die Werke nennen, die aus meiner Sicht empfehlenswert sind oder die ich in meinem Buch erwähnt habe.

Evgen Bavcar, Das absolute Sehen, Suhrkamp 1995

Erving Goffman, Stigma, Suhrkamp 2010

Andy Holzer, Balanceakt, Walter-Verlag 2010

Helen Keller, Die Geschichte meines Lebens, Lutz 1921

Jacques Lusseyran, Das wiedergefundene Licht, Klett 1971

V. S. Ramachandran, Die blinde Frau, die sehen kann, Rowohlt-Taschenbuch-Verlag 2007

Oliver Sacks. Das innere Auge. Rowohlt-Taschenbuch-Verlag 2011

Jennifer Sonntag, Einladung zu einem Blind Date, Edition PaperOne 2008

Sabriye Tenberken, Mein Weg führt nach Tibet, Kiepenheuer und Witsch 2000

Zoltán Törey Aus der Dunkelheit Kremayr und Scheriau 2007

Erik Weihenmayer Ich fühlte den Himmel Malik Verlag 2001